Marian Moschen

Mann backt Motivtorten

Marian Moschen

Mann backt Motivtorten

Tyrolia-Verlag · Innsbruck-Wien

Inhaltsverzeichnis

Über den Autor 10
Vorwort 12

Grundlagen 14
Grundrezepte 16
Sandkuchen 18
Mandelbiskuit 20
Sachertorte 22
Mohnkuchen 24
Nusstorte 26
Zitronentorte 28
Rührteig 30
Einfacher Ölkuchen 31
Cupcakes 32
Cookies 34

Cremen 36
Butter-Pudding-Creme 38
Swiss-Meringue-Buttercreme 40
Italienische Meringue-Buttercreme 41
Ganache 42

Teige aromatisieren und tränken 46
Wie kommt die Frucht in die Motivtorte? 48
Sauberkeit und Genauigkeit beim Gestalten
von Motivtorten 50
Tipps und Tricks zum Backen von Motivtorten 52
Blütenpaste 54
Marzipan 55
Rollfondant 56
Werkzeuge für das Gestalten von Motivtorten 60
Fondant färben 64
Fondant bemalen 65
Runde Torten für den Fondantüberzug vorbereiten 66
Eckige Torten für den Fondantüberzug vorbereiten 68
Fondant für das Eindecken vorbereiten 70
Runde Torten mit Fondant eindecken 72
Eckige Torten mit Fondant eindecken 74
Torten mit Fondant richtig kühlen 76
Mehrstöckige Torten stapeln 78
Torten transportieren 82

Gebackener Genuss 84
Melonentorte 86
Coffeecup 92
Hamburger 96
Bierkrug 100
Spaghetti im Topf 104
Weinkiste 108

Einhorn 112
Einhorn-Cupcakes 114
Einhorntorte.................................... 118
Einhorntorte mit Figur 122

Feste und Feiern 126
Hochzeitstorte Gold 128
Hochzeitstorte Watercolor 132
Valentinstag..................................... 136
Ostertorte.. 138
Muttertagstorte 142
Vatertag 148
Schmetterling................................... 152

Freude schenken 156
Baby Shower.................................... 158
Geschenkpaket 162
Neujahrsschweinchen 166
Reisekoffer 170
Stricktorte 174
Geburtstagsrakete 178

Kunstvoll kreativ 182
Whirlpool 184
Fuchs im Wald 188
Igeltorte 196

Roboter Charly................................. 200
Lokomotive 208
Monster 212
Der weiße Hai 216

Winter und Weihnachten 220
Christmas Cake 222
Lebkuchenhäuschen 224
Lebkuchenmännchen 228
Schneemann..................................... 230
Weihnachtsbaum 234

Cookies 236
Schneemann-Cookies 238
Schneestern-Cookies......................... 240
Tannenbaum-Cookies........................ 242
Winter-Cookies................................. 244
Pinguin-Cookies................................ 246

Danke 248
Schablonen für Lebkuchenhäuschen 250
Schablonen für Baby Shower 251
Blog 252
Hinweise auf andere Bücher 254
Impressum 255

Der Schlüssel, um im Leben sein Glück
tagtäglich auf's Neue zu finden,
ist zu wissen, was man liebt und das zu tun,
das einem Freude bereitet.

Marian Moschen

Über den Autor

Marian Moschen, geboren 1983, Gründer von www.mannbackt.de, im echten Leben Kindergartenpädagoge und Familienvater, entdeckte seine Leidenschaft fürs Backen schon in den Kinderschuhen. Seitdem hat sie ihn nicht mehr losgelassen.

Diese Freude am Backen, am Entwickeln neuer Rezepte, am Dekorieren und später auch Fotografieren wollte Marian Moschen mit anderen Backbegeisterten und Kreativen teilen. Darum rief er 2012 die Website www.mannbackt.de ins Leben.

Es dauerte nicht lange und aus einem einfachen Backblog wurde eine wahre Erfolgsgeschichte. Tausende Backbegeisterte besuchen Marian Moschens Website jeden Tag und holen sich Tipps und Tricks rund ums Backen, neue Rezepte, Dekorationsideen, detaillierte Anleitungen und vieles mehr.

Nach den Bestsellern „Mann backt", „Mann backt Glück" und „Mann backt Heimat" (siehe S. 254) stellt Marian nun als Motivtortenexperte der ersten Stunde sein gesammeltes Wissen in einem Standardwerk vor. Mithilfe seiner Anleitungen und Tipps werden aus einfachen Kuchen kunstvolle süße Meisterwerke. Der Weg dorthin ist gar nicht schwer. Kommen Sie mit!

Vorwort

Ein Stück Kuchen ist viel mehr als ein kurzer Moment des Genusses … es hinterlässt Spuren. Ob es die Freude in den Augen jener ist, die eine wunderschöne selbstgemachte Torte als Geschenk bekommen, oder der gemeinsame Genuss eines Kuchens mit Freunden oder Familie. Eine Torte macht aus einem schönen Moment einen Augenblick, den man nicht mehr vergisst.

Meine schönsten Kindheitserinnerungen sind dabei mit Momenten des Backens und Dekorierens zusammen mit meiner Familie verbunden. Damals verzierten wir noch mit Sahne, Buttercreme und kandierten Kirschen … doch die Zeiten haben sich verändert.

Auch heute soll jedes Stück Kuchen eine Symbiose aus Geschmack, Geruch und Konsistenz sein. Aber das Auge isst heute noch viel mehr mit als früher. Fondant und Marzipan haben die Möglichkeiten des Dekorierens ins Unendliche erweitert. Aus jeder Torte und jedem Muffin kann heute ein kleines unvergessliches Meisterwerk entstehen.

Was vermutlich alle wissen, die schon einmal mit dem spannenden Material Fondant gearbeitet haben: So vielseitig die kreativen Möglichkeiten sind, so schwierig können auch die ersten Schritte beim Gestalten von Motivtorten sein.

Mein persönlicher Weg bei der Umsetzung meiner Ideen war oftmals ein steiniger, doch ich habe viel gelernt. Seit mittlerweile zehn Jahren gestalte ich nun Motiv- sowie Hochzeitstorten. Alle meine Erfahrungen aus dieser Zeit habe ich in meinem Buch für euch so umfassend wie möglich fotografiert, beschrieben und erklärt.

Dabei war es mir besonders wichtig, euch nicht nur die Grundlagen für den Umgang mit Fondant, Marzipan, Blütenpaste und Co. näherzubringen, sondern vielmehr den Weg zu beschreiben, den es braucht, bevor man überhaupt eine Torte eindecken kann: Grundteige, die auch wirklich schmecken; Cremen, die einfach funktionieren; Füllungen, die Motivtorten zu etwas Außergewöhnlichem machen, und alles, was man wissen muss, um Torten für den Fondantüberzug vorzubereiten. Und ist der Anfang erst einmal geschafft, erwarten euch 40 detaillierte Schritt-für-Schritt-Anleitungen, die euch dabei helfen, aus Torten echte Kunstwerke und aus diesen Kunstwerken echte Meisterwerke werden zu lassen.

Mann backt Motivtorten soll Kuchenbacken zu viel mehr als einem Hobby machen … dieses Buch wird eure Leidenschaft dafür wecken, sich in jeder Torte kreativ zu verwirklichen.

Viel Spaß beim Backen und bei Fragen einfach meine Website besuchen: www.mannbackt.de

Grundlagen

Wie man dieses Buch verwendet ...

Backen ist ein wunderschönes Hobby. Man blättert durch ein Buch, entdeckt ein Rezept, das einen ansieht, schnappt sich die Zutaten aus der Küche und legt los ... die Welt der Motivtorten gestaltet sich hier ein wenig anders.
Ohne ein wenig Planung, die richtigen Werkzeuge und Zutaten funktioniert es nicht. Gerade als Motivtortenneuling stößt man schnell auf Hürden und an Grenzen, die für Frust sorgen können. Um Anfängern einen motivierenden Einstieg in die kreative Tortenwelt zu ermöglichen, ist dieses Buch Schritt für Schritt aufgebaut.

Eins nach dem anderen ...

Es empfiehlt sich, die Kapitel der Reihe nach zu erarbeiten. Gleich zu Beginn findet ihr das Wichtigste: Rezepte. Alle Kuchenrezepte in diesem Buch sind vielfach erprobt und ideal für Motivtorten. Im Folgenden werden diese durch passende Buttercremen und Ganache ergänzt.

Da sich Fondant nicht einfach auf den puren Teig legen lässt, habe ich im Detail beschrieben, wie man Torten für den Fondantüberzug vorbereitet, wie man mit Fondant umgeht, welche Werkzeuge und Materialien man benötigt, wie man Fondant färbt und mit diesem außergewöhnlichen Material Torten aller Art eindeckt.

Damit ihr gerade zu Beginn nicht verzweifelt, findet ihr im Grundlagenkapitel natürlich auch Tipps und Tricks, wie man Fehler vermeidet, Risse repariert oder Blasen in der Fondantdecke entfernt. Natürlich dürfen auch Hinweise zu den Themen Stapeln,

Transportieren, richtiges Kühlen von Fondanttorten etc. nicht fehlen.

Hat man die Grundlagen erst einmal verinnerlicht, helfen 40 umfassende Schritt-für-Schritt-Anleitungen dabei, viele mögliche Techniken und Gestaltungsmöglichkeiten kennenzulernen. Hat man diese Torten erst einmal gemeistert, gibt es nur noch eine letzte Grenze ... die persönliche Kreativität!

Sollten dennoch einmal Fragen aufkommen, die in diesem Buch nicht geklärt wurden, besucht meine Website www.mannbackt.de und schreibt mir einfach einen Kommentar. Gemeinsam mit vielen anderen Motivtorten-Begeisterten kann dort jede noch so schwierige und interessante Frage geklärt werden.

Aber vorher: Viel Freude beim Einstieg in die Welt der Motivtorten!

So bleiben keine Fragen offen:
Hier geht es zur großen Backcommunity auf www.mannbackt.de.
Hol dir Tipps und Tricks rund um dein persönliches Backprojekt!

Grundrezepte

Sandkuchen

Wenn es statt klassisch etwas erfrischender schmecken soll, ist dieses Rezept ideal. Kleiner Tipp: funktioniert auch mit Limetten und Orangen statt der Zitronen.

Zutaten für den Rührteig

400 g Butter

400 g Staubzucker

4 Eier (Gr.L)

400 g Mehl

1 gestr. TL Backpulver

1 Pck. echter Vanillezucker

1 Prise Salz

Zubereitung

1. Das Backrohr auf 175 °C Ober-/Unterhitze vorheizen
2. Butter, Salz, Vanille und Zucker 10 Minuten lang weiß-schaumig rühren
3. Die Eier einzeln dazumixen und die gesamte Masse einige Minuten sehr fluffig mixen.
4. Mehl und Backpulver vermengen und kurz, aber kräftig zur Buttermasse rühren.
5. Den fertigen Teig auf eine Springform (Ø 25 cm) oder zwei Springformen (Ø 20 cm) aufteilen und ca. 60 Minuten backen. Nadelprobe machen ob der Kuchen durch ist.

Tipp: *Sandkuchen ist eher ein trockener und kompakter Teig. Das macht ihn ideal, um in Form geschnitten zu werden. Zudem ist er sehr stabil, was ihn zur ersten Wahl für sehr hohe Motivtorten wie die Roboter-Motivtorte auf S. 200 macht.*

Mandelbiskuit

Zutaten
Für einen Kuchen mit 20 cm Durchmesser

5 Eier (Gr. L)

150 g Zucker

150 g Mehl

25 g Speisestärke

75 g Mandeln fein gemahlen (idealerweise blanchiert)

25 g Öl (neutral im Geschmack)

Vanille, Zimt, fein geriebene Zitronenschale oder andere Gewürze nach Belieben

Zubereitung

1 Das Backrohr auf 175 °C Ober-/Unterhitze vorheizen.

2 Die Eier zusammen mit dem Zucker so lange schaumig schlagen, bis sich das Volumen verdoppelt hat und eine richtig fluffige Masse entstanden ist.

3 Währenddessen die Mandeln sehr fein mahlen.

Tipp: Ihr könnt Mandeln mit Schale oder blanchiert verwenden. Bei blanchierten Mandeln wird der Teig jedoch hell. Das sieht sehr schön aus. Für ein sehr intensives Mandelaroma könnt ihr diese auch in einer beschichteten Pfanne ohne Fett leicht anrösten.

4 Die Mandeln mit dem Mehl und der Stärke vermengen.

5 Nun die Mandel-Mischung portionsweise vorsichtig unter die Eimasse heben.
Erst am Schluss noch kurz das Öl und die Aromen unterheben.

6 Die Masse in eine Backform mit Ø 20 cm aufteilen und alles zusammen für ca. 45 Minuten backen. Unbedingt die Nadelprobe machen, ob der Teig durch ist.

7 Den fertigen Kuchen nach dem Auskühlen luftdicht in Frischhaltefolie einpacken (noch in der Form) und einige Stunden oder über Nacht stehen lassen, damit er sich setzen kann.

Sachertorte

Zutaten

225 g zimmerwarme Butter
50 g Staubzucker
10 Eier
275 g Kristallzucker
200 g Zartbitter-Kuvertüre
200 g Mehl
3 EL Kakao

Füllung

4 cl Rum
100 ml Wasser
50 g Zucker
200 g Marillenmarmelade, passiert

Tipp: Für eine weiße Variante kann die Zartbitter-Kuvertüre auch gegen weiße Kuvertüre getauscht werden. Diese Variante gleich füllen, aber mit einer weißen Ganache einstreichen.

Zubereitung

1 Das Backrohr auf 200 °C (Ober-/Unterhitze) vorheizen.

2 Die Butter mit dem Staubzucker schaumig schlagen. Die Eier trennen. Die Dotter einzeln in die Butter-Zucker-Masse einrühren, bis diese cremig ist.

3 Die Kuvertüre bei niedriger Temperatur schmelzen und in die Butter-Dotter-Masse rühren.

4 Das Eiweiß mit einer Prise Salz halbsteif schlagen, dann den Kristallzucker langsam einrieseln lassen und weiterschlagen, bis ein cremiger Schnee entsteht.
Tipp: Der Eischnee sollte seidig-matt aussehen. Wenn er glänzt, ist er überschlagen.

5 Nun die Butter-Dotter-Masse abwechselnd mit dem gesiebten Mehl und dem Kakao von Hand mit einem Schneebesen unter den Eischnee heben.

Die Masse in eine 25 cm große, mit Backpapier ausgelegte Springform geben und gleichmäßig in der Form verteilen, die Oberfläche glatt streichen.

6 Die Sachertorte 20 Minuten bei 200 °C backen, dann die Temperatur auf 160 °C (Ober-/Unterhitze) reduzieren und weitere 40 Minuten backen. Den Kuchen in der Form auskühlen lassen und eine eventuell entstandene Kuppel abschneiden, dann den Kuchen umdrehen.

7 Für den Sirup 1 EL der Marillenmarmelade mit Rum, Zucker und Wasser aufkochen.

8 Den Kuchenboden waagrecht durchschneiden. Beide Kuchenhälften gleichmäßig mit Sirup tränken, dann die Sachertorte mit der restlichen Marillenmarmelade füllen.

9 Die Torte vor dem Weiterverarbeiten mindestens 24 Stunden an einem kühlen Ort ruhen lassen.

Mohnkuchen

Dieser Mohnkuchen ist unvergleichlich saftig, außergewöhnlich fluffig und trotzdem stabil genug, um eine Fondantschicht zu halten. Eine weitere ideale Masse für Motivtorten.

Zutaten

250 g Butter

150 g Staubzucker

7 Dotter

250 g Mohn gemahlen

50 g Mandeln gemahlen

200 g Mehl

1 Pck. Backpulver

100 g Sauerrahm (saure Sahne)

50 ml Milch

1 Pck. echter Vanillezucker

2 EL Pflaumenmus (Powidl)

7 Eiweiß (Gr. L)

150 g brauner Zucker

Zubereitung

1 Den Backofen auf 175 °C Ober-/Unterhitze vorheizen und entweder zwei Backformen (Ø 20 cm) oder eine Backform (Ø 25 cm) vorbereiten.

2 Die Butter mit dem Staubzucker weiß-schaumig schlagen und dann portionsweise die Dotter dazumixen.

3 Den Mohn, die Mandeln, das Mehl und das Backpulver vermengen und kurz zur Buttermasse rühren.

4 Sauerrahm, Milch, Vanillezucker und Powidl dazugeben und nochmal kurz untermixen.

5 Nun das Eiweiß mit dem braunen Zucker zu einem cremigen Schnee schlagen und von Hand unter die Mohn-Buttermasse heben.

6 Den fertigen Teig in die Backform(en) geben und für 60 Minuten backen.

Nusstorte

Diese Köstlichkeit bietet alles, was eine echte Nusstorte ausmacht. Sie ist saftig und locker, schmeckt richtig lecker und ist zudem stabil genug für Motivtorten aller Art.

Zutaten

270 g Butter
140 g Staubzucker
7 Dotter
1 TL Zimt
2 cl Rum
6 cl Milch

200 g gemahlene Nüsse (Mandeln, Haselnüsse, Walnüsse etc.)
300 g Weizenmehl
1 Pck. Backpulver
7 Eiweiß
140 g Kristallzucker
1 Prise Salz

Zubereitung

1. Den Backofen auf 175 °C Ober-/Unterhitze vorheizen und eine Backform (Ø 25 cm) oder zwei Backformen (Ø 20 cm) vorbereiten.
2. Die Butter mit dem Staubzucker weiß-schaumig schlagen, dann einzeln die Dotter dazumixen.
3. Mehl, Nüsse, Zimt und Backpulver vermengen und kurz zur Buttermasse mixen.
4. Zuletzt die Milch und den Rum untermengen.
   Tipp: *Der Rum kann auch durch die gleichen Menge Milch ersetzt werden.*
5. Das Eiweiß mit dem Zucker zu einem cremigen Schnee schlagen.
6. Den Eischnee von Hand unter die Nuss-Buttermasse heben.
7. Den fertigen Teig in die Backform(en) geben und für 60 Minuten backen.

Zitronentorte

Wenn es statt klassisch etwas erfrischender schmecken soll, ist dieses Rezept ideal. Kleiner Tipp: funktioniert auch mit Limetten und Orangen statt der Zitronen.

Zutaten

250 g zimmerwarme Butter

150 g Staubzucker

8 Dotter

250 g Mehl

75 g Speisestärke

1 Pck. Backpulver

150 g Sauerrahm

8 Eiweiß

150 g Zucker

Saft von 1 Bio-Zitrone

Fein geriebene Schale von 1 Bio-Zitrone

Zubereitung

1. Das Backrohr auf 175 °C Ober-/Unterhitze vorheizen. Eine Backform (Ø 25 cm) oder zwei Backformen (Ø 20 cm) vorbereiten.
2. Die weiche Butter und den Staubzucker weiß-schaumig schlagen und dann einzeln die Dotter dazumixen.
3. Mehl, Stärke und Backpulver vermengen und zusammen mit dem Sauerrahm, dem Zitronensaft und der Zitronenschale kurz, aber kräftig zur Buttermasse mixen.
4. Zuletzt Zucker und Eiweiß zu einem cremigen Schnee schlagen und von Hand unter den restlichen Teig heben.
5. Den Teig in die Backform(en) geben und alles zusammen für 60 Minuten backen.

Rührteig

Zutaten

300 g Zucker
300 g Butter
6 Eier (Gr. L)
450 g Mehl
20 g Backpulver

100 ml Milch
1 Pck. echter Vanillezucker
1 Prise Salz
Optional: 200 g Schokolade
(weiß, Vollmilch oder Zartbitter)

Zubereitung

1 Das Backrohr auf 180 °C Ober-/Unterhitze vorheizen.

2 Butter, Salz und Zucker schaumig rühren.

3 Die Eier einzeln unterrühren und dann alles 5 Minuten auf höchster Stufe sehr luftig schlagen.

4 Vanillezucker, Mehl und Backpulver vermengen und zusammen mit der Milch kurz, aber kräftig mit der Butter-Eiermasse verrühren.

5 **Optional:** Zuletzt die Schokolade schmelzen und unter den Teig rühren.

6 Den fertigen Teig auf zwei ⌀ 20 cm oder eine ⌀ 25 cm große Springform aufteilen und für ca. 50 bis 60 Minuten backen. Stäbchenprobe machen, ob der Kuchen durch ist.

7 Den Kuchen auskühlen lassen und in der Form mit Frischhaltefolie luftdicht verpacken. Den Kuchen einige Stunden oder über Nacht kühlen.

Einfacher Ölkuchen

Zutaten

4 Eier (Gr. L)
200 g Zucker
200 ml Flüssigkeit (z. B. Milch, Sahne, Buttermilch, Eierlikör usw.)
200 ml Öl (z. B. Sonnenblumenöl, Maiskeimöl usw.)
300 g Weizenmehl
1 Pck. Backpulver
1 Prise Salz

Variation 1: Schokoladenkuchen
50 g Backkakao und 50 ml Milch extra

Variation 2: Vanillekuchen
2 TL Vanilleextrakt

Variation 3: Kaffeekuchen
1 TL Instantkaffee und 2 EL Milch extra

Variation 4: Zitronenkuchen
100 ml Zitronensirup und 100 ml Wasser als Flüssigkeit

Zubereitung

1 Das Backrohr auf 170 °C Ober-/Unterhitze vorheizen.

2 Die Eier zusammen mit dem Zucker und dem Salz 10 bis 15 Minuten lang sehr schaumig rühren.

3 Die Flüssigkeit und das Öl abmessen und unter fortwährendem Rühren unter die Eimasse rühren.

4 Mehl und Backpulver sieben, mischen und von Hand unter die Masse heben.

5 Den Teig in eine mit Backpapier ausgelegte Form füllen und bei 170 °C Ober-/Unterhitze ca. 60 Minuten goldgelb backen. Stäbchenprobe machen und auskühlen lassen.

Cupcakes

Auch Muffins und Cupcakes lassen sich wunderbar mit Marzipan, Fondant und Co. dekorieren. Damit diese zum einen saftig und luftig werden, dabei zum anderen auch stabil genug, um das Gewicht des Toppings und der Dekoration zu tragen, ist dieses Rezept ideal.

Zutaten für 12 Muffins

- 175 g Butter
- 175 g Zucker
- 3 Eier (Gr. L)
- 200 g Mehl
- 1 gestrichener TL Backpulver
- 1 Prise Salz
- 1 Pck. Vanillezucker
- Optional: 2 EL Kakao

Zubereitung

1. Das Backrohr auf 175 °C Ober-/Unterhitze vorheizen und ein Muffinblech mit Papierförmchen auslegen.
2. Butter und Zucker weiß-schaumig schlagen (mindestens 5 Minuten, je länger, desto besser!)
3. Die Eier einzeln unterrühren, bis sie komplett verquirlt sind.
4. Dann die restlichen Zutaten dazugeben und nochmals kurz und kräftig mixen.
5. Den Teig in einen Dressiersack geben und die Muffinförmchen zu etwas mehr als der Hälfte füllen.
6. Alles für 25 Minuten goldbraun backen.

Tipp: Als Topping eignen sich alle in diesem Buch gezeigten Buttercreme-Variationen.

Cookies

Zutaten für den Mürbteig

300 g Weizenmehl glatt

200 g kalte Butter (alternativ Margarine)

100 g Staubzucker

1 Ei (Gr. L)

1 Dotter

Vanille, Zitronenschale oder Zimt nach Belieben

Zubereitung

1. Alle Zutaten in eine Schüssel geben und so lange verkneten (lassen), bis ein fester Teig entstanden ist.
2. Wichtig! Nur so lange kneten, bis das Mehl eingearbeitet ist, sonst wird der Teig warm.
3. Den Teig in Frischhaltefolie wickeln und mindestens 1 Stunde kalt stellen.
4. Das Backrohr auf 180 °C Ober-/Unterhitze oder 170 °C Heißluft vorheizen.
5. Den Teig auf einer bemehlten Oberfläche dünn ausrollen und die gewünschte Form ausstechen.
6. Die Kekse mit etwas Abstand auf ein mit Backpapier ausgelegtes Backblech legen, für 8 bis 10 Minuten goldgelb backen und auskühlen lassen.
7. Damit Fondant oder Marzipan gut an den Keksen haften, müssen diese dünn mit heißer Marmelade eingepinselt werden.

5 Tipps für perfekte Kekse

1. Anders als bei Kuchen sollten alle Zutaten (Butter und Ei) kalt sein.
2. Den Teig nur so kurz wie nötig kneten, auf keinen Fall überkneten!
3. Für Mürbteig Staub- bzw. Puderzucker verwenden, keinen Kristallzucker (Haushaltszucker).
4. Mürbteig hält gut gekühlt einige Tage im Kühlschrank, vor dem Ausrollen dann aber nochmal kurz durchkneten.
5. Den Teig portionsweise verarbeiten. Den Teig, der nicht verwendet wird, immer im Kühlschrank lagern, damit er nicht warm wird.

Cremen

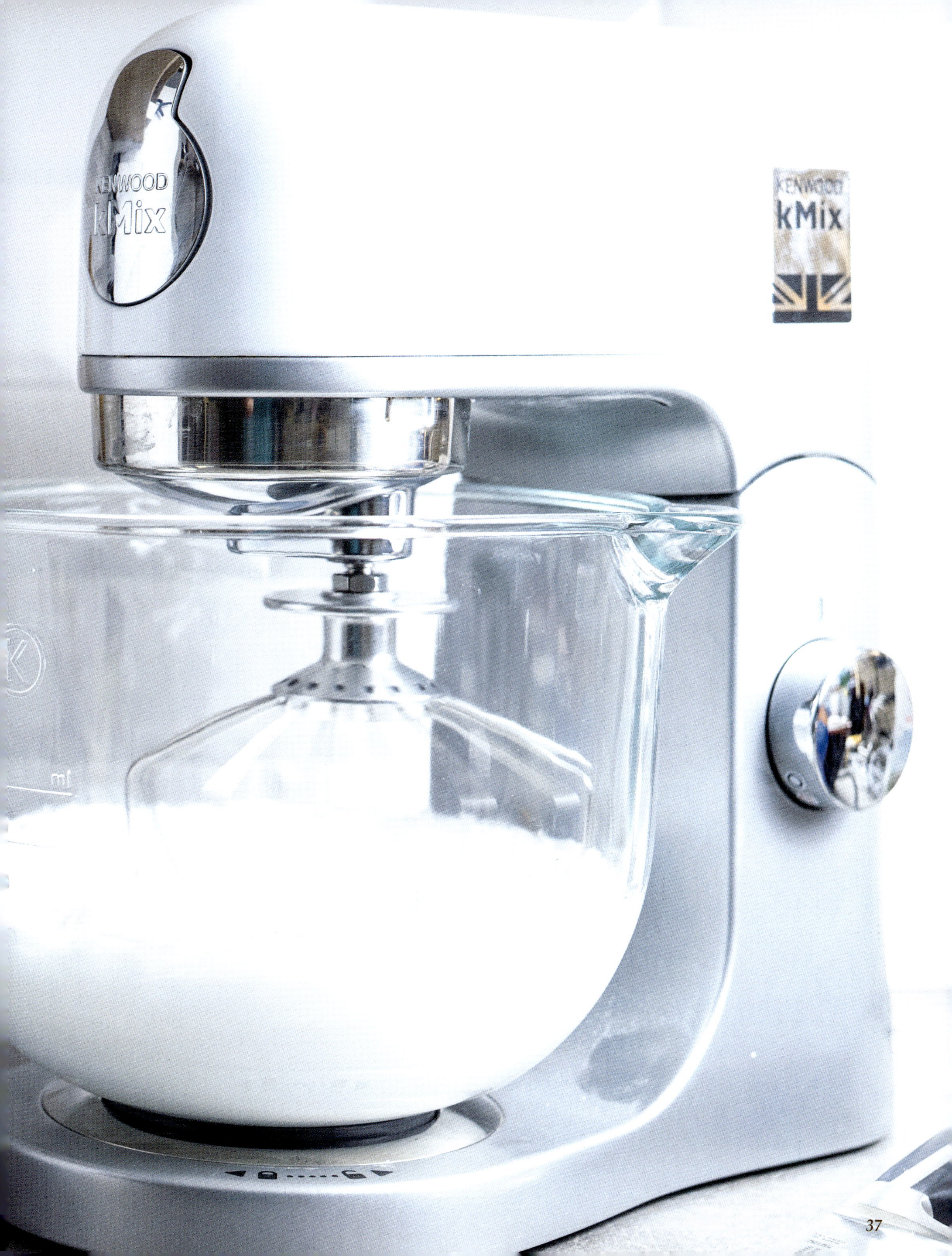
KENWOOD
kMix
KENWOOD
kMix
ml

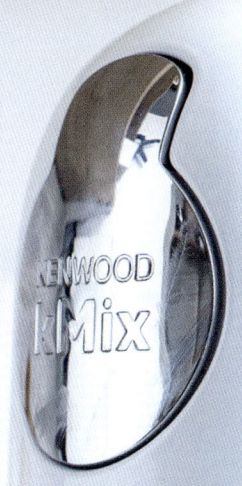

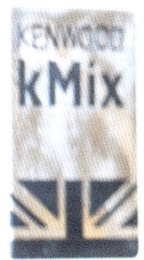

Butter-Pudding-Creme

Zutaten

500 g Butter
500 g Staubzucker
500 ml Milch
1 Pck. Puddingpulver Vanille

1 EL Zucker
1 Dotter (Gr. L)
Optional: 200 g Schokolade oder Aromen

Zubereitung

1 400 ml der Milch aufkochen.

2 Währenddessen 100 ml Milch, das Puddingpulver, den Dotter und 1 EL Zucker verquirlen.

3 Sobald die Milch kocht, die Stärkemischung unter ständigem Rühren zur Milch geben und den Pudding 1–2 Minuten aufkochen lassen.

4 Den Pudding direkt mit Frischhaltefolie abdecken und auf Zimmertemperatur abkühlen lassen.
Tipp: Für eine Schokoladenbuttercreme einfach die Schokolade in den noch heißen Pudding rühren und ihn erst dann abdecken. Funktioniert auch mit Nougat.

5 Die zimmerwarme Butter zusammen mit dem gesiebten Staubzucker weiß-schaumig mixen (ca. 10 Minuten).

6 Nun den Pudding sehr glatt rühren und löffelweise (in sehr kleinen Portionen) zur Buttercreme mixen. Wichtig: Nicht zu schnell, sonst flockt die Creme aus.

7 Die Creme umgehend verwenden. Sie kann nicht zwischengekühlt und wieder aufgeschlagen werden, weil sie sonst ausflockt.

Swiss-Meringue-Buttercreme

Zutaten
6 Eiweiß (ca. 180 g)
360 g Zucker
1 Prise Salz
500 g Butter

Zubereitung

1 Einen Topf mit Wasser auf den Herd stellen und bei mittlerer Temperatur erhitzen.

2 Eine Edelstahl- oder Glasschüssel daraufstellen. Sie darf das Wasser nicht berühren.

3 Eiweiß, Zucker und Salz in die Schüssel geben und die Mischung so lange mit dem Schneebesen von Hand aufrühren, bis die Masse 60 °C erreicht hat.
Optional: Falls kein Zuckerthermometer vorhanden ist, die Masse regelmäßig zwischen Daumen und Zeigefinger reiben. Sobald man keine Kristalle mehr spürt, sondern die Masse glatt und cremig geworden ist, die Schüssel vom Herd nehmen.

4 Die heiße Masse nun so lange mixen, bis sie wieder auf Zimmertemperatur ausgekühlt ist.

5 Nun die Butter löffelweise dazumixen. Die Creme wird zuerst flüssiger und leicht grieselig. Das soll so sein. Die Creme einfach so lange weitermixen, bis sie anzieht. Das kann bis zu 10 Minuten dauern.

6 Die Creme lässt sich mit Schokolade, Fruchtmark oder Aromen verfeinern und kann mit Lebensmittelfarbe gefärbt werden.

Italienische Meringue-Buttercreme

Zutaten

375 g Zucker

100 g Wasser

6 Eiweiß (ca. 180g)

1 Prise Salz

450 g Butter

Zubereitung

1 Den Zucker und das Wasser in einen Topf geben und auf 116 °C erhitzen. Hierfür wird ein Zuckerthermometer benötigt.

2 Währenddessen den Eischnee mit 1 EL des Zuckers und dem Salz zu einem cremigen Schnee schlagen.

3 Den heißen Zucker vorsichtig (!!) unter ständigem Mixen zum Eischnee geben und alles so lange mixen, bis der Schnee auf Zimmertemperatur abgekühlt ist.

4 Nun die Butter portionsweise dazumixen. Wichtig: Die Masse wird zuerst grieselig, dann flüssig und zieht plötzlich an. Sie kann nicht überschlagen werden, einfach immer weitermixen, das kann durchaus 15 Minuten dauern.

5 An sehr heißen Tagen die kalte (!) Butter direkt aus dem Kühlschrank in kleine Stücke schneiden und zur Meringue mixen.

Ganache

Die ideale Alternative zu Buttercreme ist eine Ganache. Diese Schokolade-Sahne-Mischung ist schnell und einfach herzustellen, nicht so süß und fett wie eine reine Buttercreme und lässt sich zudem relativ einfach verarbeiten. Damit eine Ganache problemlos gelingt, sollte man jedoch einige Tipps und Tricks kennen!

Zartbitter-Ganache

Für Zartbitter-Schokolade und alle anderen dunklen Schokoladen verwendet man ein Verhältnis von 2:1. Das heißt 2 Teile Schokolade, 1 Teil Sahne.
Z. B. 1000 g Zartbitter-Kuvertüre, 500 ml Sahne

Weiße-Schokolade-Ganache

Für eine Ganache aus weißer Schokolade verwendet man ein Verhältnis von 3:1 aus Schokolade und Sahne.
Z. B. 900 g weiße Kuvertüre, 300 ml Sahne

Vollmilch-Ganache

Für eine Ganache mit Vollmilchschokolade verwendet man ein Verhältnis von 3:1 aus Schokolade und Sahne.
Z. B. 900 g Vollmilchkuvertüre, 300 ml Sahne

Wie viel Ganache wird für eine Torte benötigt?

Die genaue Menge an Ganache hängt davon ab, wie dick diese aufgetragen wird. Als groben Anhaltspunkt empfehle ich folgende Mengen für die einzelnen Tortengrößen:

20 cm Durchmesser → 750 g
25 cm Durchmesser → 1000 g
27 cm Durchmesser → 1250 g

Die Ganache hält im Kühlschrank einige Tage, lässt sich auch einfrieren und kann später für andere Kuchen als Füllung oder zum Einstreichen verwendet werden.

Zubereitung

1 Die Schokolade klein hacken oder reiben.
2 Die passende Menge Sahne erhitzen und kurz vor dem Kochen auf die Schokolade gießen.
3 Die Schokolade für 2–3 Minuten schmelzen lassen und dann mit einem Schneebesen ganz vorsichtig so lange rühren, bis Sahne und Schokolade abgebunden haben.
4 Nun sollte die Ganache die Konsistenz von Nutella haben.
5 Die fertige Ganache so lange bei Zimmertemperatur stehen lassen, bis sie angezogen hat und sich gut verstreichen lässt.

Die 5 besten Tipps und Tricks zur Herstellung von Ganache

Die Herstellung der Ganache ist keine wirkliche Herausforderung. Beachtet man die folgenden Tipps, wird die Zubereitung zum Kinderspiel.

Ganache-Tipp 1: **Niemals an der Schokolade sparen!**
Die Qualität der Schokolade entscheidet darüber, wie cremig die Ganache wird und wie gut sie schmeckt. Eine Ganache gelingt auch mit herkömmlicher Haushaltsschokolade, erst mit hochwertiger Kuvertüre wird sie jedoch perfekt.

Ganache-Tipp 2: **Temperatur ist der Schlüssel zum Erfolg**
Die Sahne darf auf keinen Fall kochen! Nur dann wird die Kuvertüre von Beginn an cremig genug. Die Sahne bereits kurz vor dem Köcheln vom Herd nehmen und direkt auf die Schokolade gießen.

Ganache-Tipp 3: **Fett bringt's!**
Sahne ist nicht gleich Sahne. Handelsübliche Sahne hat 30 bis 32 % Fettanteil. Vereinzelt gibt es auch jene mit 36 % Fett. Der höhere Fettgehalt sorgt für eine ideale Konsistenz. Es gehen auch weniger fette Sahnesorten, doch die 36-prozentige macht das Ergebnis perfekt.

Ganache-Tipp 4: **So wenig rühren wie möglich**
Die heiße Sahne über die Kuvertüre gießen und erstmal ohne Rühren etwas zusammensacken und schmelzen lassen. Nach 2–3 Minuten langsam und vorsichtig die Masse so lange rühren, bis die ganze Schokolade abgebunden hat.

Ganache-Tipp 5: **Alles mit der Ruhe**
Ganache braucht Zeit zum Ruhen. Ich bereite sie oft mittags zu und verwende sie dann abends zum Einstreichen.

Teige aromatisieren und tränken

Oft ist es gar nicht so leicht, in eine Motivtorte auch ausreichend Geschmack und Aroma zu packen, damit ein Teig nicht von der dominanten Süße des Fondants überwältigt wird. Da sich außergewöhnlich intensive Aromen wie frische Früchte oder Beeren nicht für Fondanttorten empfehlen, weil sie zu feucht sind und den Fondant auflösen würden, gilt es, zusätzliches Aroma über einen Umweg in den Kuchen zu bringen: Tränken.

Die Basis jeder Tränke ist eine Mischung aus 2 Teilen Wasser und 1 Teil Zucker. Diese Mischung wird aufgekocht und dann werden die Aromen hinzugefügt. Für eine Torte mit ø 25cm und 3 Böden werden z. B. 100ml Wasser und 50 g Zucker plus Aromen nach Geschmack benötigt. Anbei einige Beispiele für besonders aromatische Tränken.

Zitrustränke:

Die Schale einer unbehandelten Zitrone schälen, sodass nichts Weißes von der Schale übrigbleibt, den Saft auspressen und beides zur köchelnden Tränke geben. 10 Minuten ziehen lassen und jede Lage Teig damit leicht beträufeln.
Hinweis: *Diese Variante funktioniert natürlich auch mit Limetten und Orange.*

Alkoholische Tränke:

Alkohol lässt sich hervorragend nutzen, um verschiedene Aromen in Motivtorten zu ergänzen. Ein junger, weißer Rum wie Havana Club passt ideal zu frischen Torten wie Zitrone, Mango, Maracuja und Co. Ein klassischer Inländer Rum wie Stroh Rum passt zu Nuss, weihnachtlichen Füllungen, etc. oder Weinbrand zu Schokolade. Eierlikör wiederum eignet sich für weiße Schokolade oder Vanillecremen usw. Auch Schnäpse gibt es in allen Geschmacksrichtungen (Marille, Obst, Birne, Apfel, Kirsche, usw.) Es empfiehlt sich jedoch, für alle Sorten von Alkohol, diesen 1 bis 2 Minuten mitzukochen. So verkocht ein Teil des Alkohols und die Schärfe geht verloren, das tolle Aroma bleibt jedoch erhalten.

Siruptränke:

Sirup zum Tränken sollte man auch im Verhältnis 2:1 aus Wasser und Sirup aufkochen. Aber Vorsicht: Viele Sirupsorten enthalten Farbstoffe. Diese verfärben helle Teige wie Biskuit und das sieht dann beim Anschnitt unschön aus.

Wie kommt die Frucht in die Motivtorte?

Früchte in Motivtorten

Frische Früchte sind grundsätzlich tabu für Motivtorten, weil der hohe Wassergehalt den Fondant auflöst wie die Sommersonne eine Kugel Vanilleeis. Doch es gibt eine Möglichkeit, intensives Fruchtaroma in Torten zu bekommen: Curds.

Curds als ideale Füllung für Motivtorten

Curds kennt man eigentlich als fruchtige Brotaufstriche. Doch aufgrund ihrer cremigen und doch stabilen Konsistenz sind sie hervorragend als Füllung geeignet. Der größte Vorteil: Sie lassen sich geschmacklich unendlich variieren.

250 g Fruchtmarkt, Fruchtpüree oder Fruchtsaft
200 g Zucker (kann auch reduziert werden)
125 g Butter
5 Dotter
20 g Stärke

Tipp: *Die Dotter bleiben meist bei der Zubereitung der italienischen Buttercreme (siehe S. 41) übrig und lassen sich so perfekt verwerten.*

Für die Zubereitung einfach alle Zutaten in einen Topf geben und bei mittlerer Hitze langsam und unter ständigem Rühren zum Kochen bringen. Sobald die Masse eingedickt ist, beiseitestellen und auskühlen lassen.

Sauberkeit und Genauigkeit beim Gestalten von Motivtorten

„Das Auge isst mit." Ein Spruch, den man schon fast nicht mehr hören kann. Doch das Gestalten von Motivtorten bringt eine Vielzahl von Schwierigkeiten und Tücken mit sich, die schnell zu einem unerfreulichen Ergebnis führen können. Gerade am Anfang sind wellige Fondantdecken, Risse, Blasen, Brösel in der Creme und im Fondant oder schiefe Torten nur schwer zu vermeiden.

Nimmt man sich jedoch Zeit, plant die Arbeitsschritte schon vor Beginn und beachtet einige Dinge, wird man schnell erste Erfolge feiern, und nichts steht einer erfolgreichen Motivtortenkarriere im Wege. Der Weg zur perfekten Motivtorte ist gar nicht so steinig, wie es manchmal scheint. Diese Hinweise sollte man dabei immer beachten, dann kann man sich am Ende über eine perfekte Motivtorte freuen.

1. Kuchen immer mindestens 6 Stunden vor dem Gestalten backen, luftdicht einpacken und im Kühlschrank nachsitzen lassen. Der Teig setzt sich immer noch ein wenig, was später zu Wellen im Fondant führt.
2. Torten in zwei Arbeitsschritten einstreichen. Zuerst eine dünne Schicht, um die Teigbrösel zu binden. Die Torte dann gut kühlen, bis die Creme fest geworden ist, und erst dann die zweite dickere Schicht auftragen. Dabei immer für eine saubere, bröselfreie Arbeitsfläche sorgen. So bleibt die Creme sauber und appetitlich.
3. Um besonders glatte Oberflächen zu bekommen, immer mit Cakeboards arbeiten. Diese dienen beim Einstreichen als Schablone und die Oberfläche wird spiegelglatt. Cakeboards erleichtern euch zudem die Arbeit, weil mit ihnen Torten stabiler sind und einfacher bewegt werden können.
4. Es lohnt sich immer, etwas mehr Zeit in den Feinschliff einer Torte noch vor dem Fondantüberzug zu investieren. Kleine Löcher, Unebenheiten oder unsaubere Kanten in einem dritten Arbeitsschritt zu perfektionieren, erspart später viel Zeit beim Kaschieren, Glätten und Ausgleichen von unsauberen Oberflächen im Fondant.
5. Die Torte ohne Fondant sollte schon so schön und sauber sein, dass man sie verschenken kann. Das mag pingelig klingen, aber man wird es bei späteren Arbeitsschritten nicht bereuen.
6. Den Fondant vor dem Überziehen gut kneten, bis er weich ist. Bei etwas länger gelagertem Fondant etwas weißes Pflanzenfett einarbeiten, damit er wieder geschmeidiger wird und nicht an den Kanten bricht.
7. Sollten beim Ausrollen Blasen entstehen, einfach mit einer dünnen Nadel flach hineinstechen, die Luft aus der kleinen Blase drücken und diese glatt streichen. Erst dann weiter ausrollen.
8. Wenn sich Rückstände von Bäckerstärke am Fondant befinden und weiße Flecken verursachen, einfach sehr vorsichtig mit etwas Dampf (z. B. von einem Bügeleisen) den Fondant bedampfen. Die Oberfläche wird so perfekt. Wichtig: Nicht reiben!
9. Bevor man sich an die einzelnen Details der Torte macht, stets für eine saubere Arbeitsfläche sorgen. Bäckerstärke ist hilfreich, sorgt aber auch oft, gerade bei dunklen Farben, für unsaubere Stellen.
10. Fondantkleber ist ein tolles Hilfsmittel, kann aber auch schnell Details durch Rückstände zerstören. Die Arbeit mit einem sehr feinen Pinsel wirkt hier Wunder.

Tipps und Tricks zum Backen von Motivtorten

Anders als beim Backen von Kuchen und Torten ohne Fondant oder Marzipan gibt es bei Motivtorten einiges zu beachten. Die Gründe hierfür sind recht schnell erklärt.

10 Dinge, die man über Motivtorten wissen sollte

1. *Auch wenn die Optik bei Motivtorten im Vordergrund steht, der Geschmack und die Frische müssen immer die wichtigsten Komponenten bleiben.*
2. *Um die Frische zu gewährleisten, gilt es, Torten schon vor dem Backen so zu planen, dass das Design an einem einzigen Tag fertiggestellt werden kann. Zeitaufwändige Details können vorbereitet werden, bevor man mit dem eigentlichen Backen beginnt.*
3. *Die Qualität der Zutaten bestimmt das fertige Produkt. Dies gilt sowohl für die Grundzutaten wie Butter, Eier, Mehl, Schokolade und Co., aber auch ganz besonders für den Fondant.*
4. *Bei der Qualität von Fondant gibt es enorme Unterschiede. Sehr günstige Produkte lassen sich oft schwer verarbeiten, riechen unangenehm und schmecken schlecht. Im Zweifelsfall lieber den einen oder anderen Euro mehr ausgeben, den Unterschied schmeckt, spürt und riecht man sofort.*
5. *Der Schlüssel zum Erfolg liegt bei Motivtorten darin, die richtigen Grundteige auszuwählen. Diese müssen stabil genug sein, um unter dem recht hohen Gewicht des Fondants nicht nachzugeben, lange frisch bleiben und intensiv schmecken, um das Aroma des Fondants zu überdecken.*
6. *Es empfiehlt sich, Tortenböden mindestens 12 Stunden luftdicht verpackt im Kühlschrank ziehen zu lassen. Teige geben mit der Zeit ein wenig nach. Überzieht man sie zu früh mit Fondant oder Marzipan, entstehen unschöne Wellen bzw. Blasen an den Seiten der Torte.*
7. *Da sich Fondant auflöst, wenn er feucht wird, ist es wichtig, die richtigen Füllungen auszuwählen (siehe Kapitel Cremen).*
8. *Frische Früchte können leider nicht verwendet werden. Um dennoch Frucht oder Fruchtgeschmack in Motivtorten zu bekommen, empfiehlt es sich, Früchte aufzukochen, zu pürieren und ein wenig einreduzieren zu lassen, um den Feuchtigkeitsgehalt zu verringern. Die entstandene Paste lässt sich in Cremen einrühren oder kann direkt auf Tortenböden gestrichen werden.*
9. *Milchprodukte wie Sahne, Topfen (Quark), Mascarpone usw. können leider nicht als Füllung verwendet werden.*
10. *Die einzige Ausnahme stellt eine Frischkäsecreme dar. Diese funktioniert als Füllung, die Torte selbst sollte jedoch mit Buttercreme eingestrichen werden.*

Blütenpaste

Blütenpaste unterscheidet sich von Rollfondant durch Beigabe von Eiweiß und einen höheren Anteil CMC. Blütenpaste ist sehr fest und deshalb relativ schwer zu formen. Ihre Stabilität ermöglicht jedoch das Modellieren von feinen Details wie Blüten oder Fahrradspeichen und allen Teilen, die in Form bleiben müssen. Die Schwierigkeit, aber auch der größte Vorteil von Blütenpaste liegt darin, dass das Material in wenigen Minuten komplett trocknet (und dann brechen kann). Im Gegenzug erhält man absolut formstabile Elemente für seine Torte, zum Beispiel, wenn man Bretter benötigt, die man zu einer Bank aus Blütenpaste zusammenbauen möchte.

Natürlich ist Blütenpaste auch, wie der Name schon sagt, das Material der Wahl für jede Form von Blumen und Blüten.

Im Handel gibt es fertige Blütenpaste auch unter der Bezeichnung „Gum Paste".

5 Dinge, die man über Blütenpaste wissen sollte

1. Ideal für filigrane Details wie Blüten, Federn usw.
2. Sie ist ideal für alle Konstruktionen, die stabil sein müssen: Holzhütten, Sitzbänke, Baumstämme usw.
3. Blütenpaste trocknet extrem schnell, deshalb immer nur kleine Portionen verwenden. Nicht verwendete Paste umgehend luftdicht verpacken.
4. Mit etwas Übung ermöglicht Blütenpaste außergewöhnliche Details und Elemente an Motivtorten.
5. Blütenpaste lässt sich einfach selbst herstellen: 1 Eiweiß bzw. die entsprechende Menge Eiweißpulver (länger haltbar) aufschlagen, 225 g gesiebten Staubzucker dazumixen, bis die Masse relativ fest wird. Zuletzt 2 TL CMC und 1 TL Pflanzenfett dazumixen. Die fertige Blütenpaste zu einer Kugel formen, luftdicht verpacken und 24 Stunden im Kühlschrank ruhen lassen.

Marzipan

Marzipan wird aus feinst gemahlenen, geschälten Mandeln, Zucker und etwas Rosenwasser hergestellt. Die Mandeln werden zusammen mit dem Zucker sehr fein gewalzt und erhitzt. Dabei entsteht Rohmarzipan, das weich ist und in Desserts, Cremen oder direkt in Teigen verwendet wird.

Um Marzipan stabiler zu machen, gibt es nun zwei Möglichkeiten. Entweder man knetet zusätzlichen Zucker in das Rohmarzipan im Verhältnis 70:30 (70 % Marzipan, 30 % Staubzucker) oder man verwendet angewirktes Marzipan. Die darin enthaltene Glukose macht das Marzipan stabiler, weniger anfällig für Risse und ideal formbar. Modelliermarzipan eignet sich für die meisten Figuren und Details und aufgrund seiner Konsistenz auch sehr oft als Alternative zu Rollfondant für das Eindecken von Torten. Nicht jeder mag jedoch den intensiven Geschmack. Hier muss man individuell abwägen.

Was man noch über Modelliermarzipan wissen sollte

1 Torten können problemlos mit Modelliermarzipan überzogen werden. Die Handhabung ist identisch zu Rollfondant: ausrollen und auf den Kuchen legen. Die Oberfläche wird aber nicht so glatt wie bei einem Rollfondantüberzug.

2 Modelliermarzipan eignet sich für alle Elemente einer Motivtorte, außer für die filigranen Details.

3 Die Mandeln im Marzipan sind leicht gelblich, das macht Marzipan stets champagnerfarben und nicht weiß. Immer dann, wenn Elemente „farbecht" oder rein weiß sein sollen, muss man auf Fondant ausweichen. Mittlerweile gibt es auch weißes Marzipan; man sollte sich hier jedoch bewusst sein, dass dieses chemisch gebleicht wurde.

Roll Fondant

Um aus einem einfachen Kuchen ein echtes Kunstwerk aus Fondant bzw. Marzipan zu machen, gilt es vor allem zu wissen, welches Material sich für welche Figuren, Formen und Details eignet. Denn Fondant ist nicht Fondant, und selbst Marzipan kann nur für bestimmte Zwecke eingesetzt werden.

Damit man beim Gestalten von Motivtorten schnell zu einem positiven Ergebnis kommt, sollte man wissen, welche Grundmaterialien es gibt.

Rollfondant

In diesem Buch ist ausschließlich die Rede von Rollfondant (auch: Einschlagmasse, White Icing oder Massa Ticino). Dieser unterscheidet sich grundlegend von „Fondantglasur", wie man sie z. B. von Zimtschnecken oder Punschkrapfen kennt. Rollfondant besteht aus einem Großteil fein gemahlenem Zucker, Glukosesirup, pflanzlichem Fett, einem Verdickungsmittel wie CMC (Carboxy Methyl Cellulose) und meist einem Feuchthaltemittel wie Glycerin. Das macht es recht aufwändig, Fondant selbst herzustellen. Ein einfaches, gelingsicheres Rezept findet ihr aber auf der Seite 58/59. Was gibt es sonst zu Rollfondant zu wissen?

1. *Fondant ist perfekt zum Eindecken von Torten aller Art geeignet. Da er sehr flexibel ist, lässt sich Fondant auch über komplexe Strukturen wie 3D-Torten legen.*
2. *Fondant ist im Gegensatz zu Marzipan reinweiß, was ihn unerlässlich für weiße Objekte macht.*
3. *Färbt man Fondant mit Lebensmittelfarbpaste, bleiben die Farben unverfälscht. Dadurch kann man Fondant sehr einfach in jeder beliebigen Farbe des Farbspektrums färben.*
4. *Fondant trocknet recht langsam und härtet nie vollständig aus. Dadurch lassen sich Torten auch weiterhin einfach durchschneiden.*
5. *Da Fondant nicht durchhärtet, eignet er sich nicht zum Modellieren von Blüten, kleinen Details, Figuren oder anderen Objekten, die Stabilität benötigen.*
6. *Seine Eigenschaft, Kuchen und Torten nahezu luftdicht zu verschließen, verlängert die Haltbarkeit eurer Kunstwerke (entsprechende Kühlung vorausgesetzt!).*

Tipp zum Modellieren mit Fondant:
Um Fondant modellieren zu können, kann man 1 gestrichenen Teelöffel CMC (Carboxy Methyl Cellulose, im Fachhandel erhältlich) in 100 g Rollfondant kneten. Den Fondant luftdicht verpacken und mindestens 6 Stunden durchziehen lassen. Achtung! Der Fondant kann dann nicht mehr zum Eindecken von Torten verwendet werden.

Rollfondant richtig lagern

1. *Rollfondant trocknet relativ schnell. Deshalb sollte man ihn nach der Nutzung immer in Frischhaltefolie wickeln.*
2. *Sollte der Rollfondant nicht mehr gebraucht werden, empfiehlt es sich, diesen (zusätzlich zur Frischhaltefolie) in einen luftdichten Behälter zu packen und kühl und trocken zu lagern.*
3. *Rollfondant kann bei Zimmertemperatur gelagert werden, ein etwas kühlerer Raum, wie zum Beispiel ein Keller, kann aber nie schaden.*

Marshmallow-Fondant selbst zubereiten

Zutaten

1000 g Staubzucker
450 g Marshmallows weiß
3 EL Wasser
Optional: 1 EL Glycerin

Zubereitung

1 Die Marshmallows langsam über einem Wasserbad schmelzen.

2 Den Staubzucker fein sieben und zusammen mit Wasser (und optional dem Glycerin) portionsweise unter die geschmolzenen Marshmallows rühren.

3 Sobald die Masse zu fest zum Rühren wird, die Arbeitsfläche mit Pflanzenfett einstreichen und die Fondantmasse daraufgeben.

4 Von Hand den übrigen Staubzucker dazukneten, bis eine homogene, leicht gummiartige Masse entstanden ist.

5 Den fertigen Fondant mit Pflanzenfett einfetten und für mindestens 12 Stunden, in Frischhaltefolie verpackt, ziehen lassen.

Hinweis: *Der Marshmallow-Fondant lässt sich wie handelsüblicher Rollfondant verarbeiten, formen und färben, sollte jedoch maximal 14 Tage gelagert werden.*

Werkzeuge für das Gestalten von Motivtorten

Alte Hasen kennen das Problem: Man neigt dazu, sich schnell mit viel zu viel Werkzeug und Material auszustatten. Tatsächlich braucht es auch als echter Profi im Umgang mit Fondant und Marzipan erstaunlich wenig, um wunderschöne und spektakuläre Torten gestalten zu können.

Ausrollstab

Die Grundlage, um überhaupt eine Torte mit Fondant eindecken zu können (siehe S. 70 ff.), ist ein Ausrollstab. Hier kann man sich zwar durchaus mit einem normalen Nudelholz behelfen, aber man wird schnell an seine Grenzen stoßen.

Die Eigenschaften, die ein optimaler Ausrollstab besitzen sollte, sind:

1 Eine nichthaftende Oberfläche
2 Wenig Gewicht, damit der Ausrollstab den Fondant nicht unnötig eindrückt
3 Mindestens 50 cm Länge, damit man auch große Torten eindecken und den Fondant entsprechend groß genug ausrollen kann

Bei allen drei Punkten scheidet ein Nudelholz aus. Deshalb sollte man gleich zu Beginn einen richtigen Ausrollstab für Fondant kaufen. Als Ergänzung, vor allem für kleinere und filigranere Details wie Buchstaben, Blütenblätter usw., macht es außerdem Sinn, sich noch einen zweiten kleineren Ausrollstab zu kaufen.

Fondantglätter

Fondantglätter sind die Standardwerkzeuge für jede Torte, die mit Rollfondant oder Marzipan überzogen wird. Ohne geht es eigentlich gar nicht. Sobald der Fondant auf der Torte liegt, müssen die Ränder und die Oberseite sauber geglättet werden, um eine ebene, makellose Oberfläche zu erwirken.

Bei der Auswahl der Glätter gilt es drei Dinge zu beachten:

1 Das Handling wird durch zwei Glätter bedeutend erleichtert.
2 Die Glätter sollten eine gerade Seite haben, damit die Ränder zum Cakeboard hin besser bearbeitet werden können.
3 Hochwertige Glätter rutschen besser, halten länger und lassen sich besser reinigen. Es lohnt sich, hier ein paar Euros mehr zu investieren.

Fondantpresse

Eine Fondantpresse (auch Clay Extruder oder Sugar Gun) ist kein Werkzeug, das man am Anfang unbedingt benötigt. Kommt man jedoch an den Punkt, an dem man das Material besser kennt und an feineren Details arbeitet, wird diese jedoch unerlässlich. Sie ist im Prinzip nichts anderes als eine Presse, in die man seinen individuell gefärbten Fondant oder Marzipan steckt und durch die man dank zahlreicher Lochschablonen verschiedenste Fäden und Kordeln herauspressen kann. Von Gras bis hin zu einfachen dünnen, dicken, runden oder eckigen Fondantsträngen lässt sich damit alles pressen. Die kreativen Möglichkeiten sind unbegrenzt.

Fondantkleber

Fondant lässt sich nicht mit Wasser kleben, denn dieses würde ihn einfach auflösen. Deshalb benötigt man einen speziellen Fondantkleber. Diesen kann man entweder fertig zubereitet im Fachhandel kaufen oder selbst zubereiten: 100 ml Wasser aufkochen, 1 gestr. TL CMC hinzufügen und über Nacht stehen lassen. Der Kleber hält sich gut gekühlt ca. 1 Woche.

Drehteller

Kein Hilfsmittel erleichtert die Arbeit so sehr wie ein Drehteller. Sowohl beim Durchschneiden und Füllen von Torten, beim Vorbereiten für den Überzug, beim Eindecken, Handling und beim Gestalten und Dekorieren.
Ein Drehteller ist das einfachste und wichtigste Mittel und die Basis für viel Spaß bei der Arbeit an Motivtorten. Er ermöglicht es, an alle Stellen des Kunstwerkes zu kommen, ohne die Torte (die ja ziemlich schwer werden kann) selbst zu bewegen. Das Einzige, worauf ihr achten solltet, ist, dass der Drehteller gerade ist und nicht wackelt. Ob Holz, Kunststoff oder Glas ist nebensächlich.

Fondantwerkzeuge

Die Anzahl an Werkzeugen ist unendlich. Um hier nicht jedes einzelne Gerät aufzulisten, empfehle ich, einfach ein fertiges Basis-Set zu kaufen. Von Slicetool für gerade Linien und Unterteilungen über ein Ball-Tool für runde Vertiefungen, ein Quilting-Tool für Nähte u. v. m. enthalten Basic-Sets alles, was ihr benötigt. Für außergewöhnliche Projekte oder Techniken kann man dann später einmal spezialisierte Werkzeuge wie Schablonen oder Moulds dazukaufen. Anfangs benötigt man sie jedoch nicht.

Fondant färben

Erst die richtigen Farben bringen Leben in eure Kunstwerke. Damit das Färben von Fondant, Blütenpaste, Marzipan, aber auch Cremen nach Plan verläuft, benötigt man die richtigen Farben. Fondant und Co. reagieren sehr empfindlich auf Farben mit einem zu hohen Flüssigkeitsanteil. Deshalb sollte man ausschließlich spezielle Lebensmittelpastenfarben verwenden. Pulverfarben oder flüssige Lebensmittelfarben, wie man sie vom Eierfärben kennt, funktionieren nicht.

5 Dinge, die man über Fondantfarben wissen sollte

1 Pastenfarben sind hochkonzentriert. Entsprechend benötigt man nur sehr kleine Mengen für den gewünschten Farbton.

2 Nach dem Hinzufügen werden die Farben meist noch deutlich intensiver. Deshalb ist es wichtig, anfangs nicht zu stark zu färben. Besser ist es, den Fondant zu färben, 15 Minuten abzuwarten, wie sich die Farbe entwickelt, um dann ggf. nachzufärben.

3 Bestimmte Farbtöne (vor allem Rot und Schwarz) können durch Einfärben von weißem Fondant nur sehr schwer bzw. mit unmäßig viel Farbe erzielt werden. Benötigt man größere Mengen für eine Torte, empfiehlt es sich, fertig gefärbten Fondant zu kaufen.

4 Anfangs reicht es, sich mit den 8 Grundfarben auszustatten.

5 Es ist nicht notwendig, jeden einzelnen Farbton fertig zu kaufen. Farbnuancen wie Hellgrün, Rosa, Hellbraun, Orange usw. lassen sich problemlos aus den Grundfarben mischen. (z. B. Rot und Gelb ergeben Orange). Als Hilfe gibt es im Kunstbedarf Farbpaletten.

Fondant bemalen

Es gibt verschiedene Anwendungsbereiche, in denen aus einem Kunstwerk erst durch zusätzliche Akzente ein wahres Meisterwerk wird. Fondant in Holzoptik wird umgehend lebendiger, wenn zusätzlich mit Farbe dunkle und helle Akzente gesetzt werden.

Farbtöne wie Rot werden nochmal intensiver, wenn man sie bemalt. Auf weißem Fondant lassen sich ganze Kunstwerke aufmalen, und auch Schriften und Kalligraphie lassen sich umsetzen. Wie so oft ist es nur die eigene Kreativität, welche die Möglichkeiten begrenzt.

3 Dinge, die man über das Malen auf Fondant wissen muss

1 Um Pastenfarben zum Malen zu verwenden, muss man sie in durchsichtigem Alkohol auflösen (Wodka, weißer Rum usw.). Der Alkoholgehalt sollte mehr als 38 % betragen, damit er rückstandslos verdunstet.

2 Wasser würde den Fondant auflösen und darf deshalb nicht verwendet werden.

3 Für besonders intensive Farben reichen oft einige Tropfen Alkohol. Je dünner die Lösung, umso weniger intensiv werden die Farben.

Buttercreme oder Ganache laut Rezept auf den Seiten 38 ff. zubereiten.

Einen Kuchen backen und auskühlen lassen. Falls der Kuchen ungleichmäßig aufgegangen sein sollte, die Erhöhung abschneiden.

Den Kuchen ein- oder zweimal durchschneiden und alle Brösel rundherum sorgfältig entfernen, damit diese nicht in die Creme gelangen.

Den untersten Boden auf ein Cakeboard stellen, das etwas größer ist als der Kuchen selbst. Mit einer Winkelpalette eine dünne Schicht Creme oder Ganache auftragen und gleichmäßig verteilen.

Den zweiten Tortenboden drauflegen und nochmals gleichmäßig und dünn mit Creme oder Ganache bestreichen.

Den dritten und letzten Tortenboden drauflegen, aber noch nicht mit Creme bestreichen.

Die restliche Creme großzügig rund um den Kuchen herum auftragen und leicht verstreichen. Noch keine Creme auf die Oberseite geben.

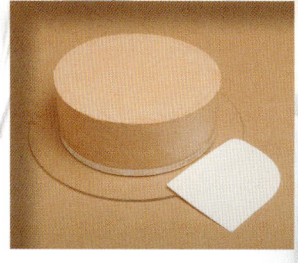

Mit der geraden Seite einer Teigkarte die überschüssige Creme entlang des Cakeboards abziehen. An Stellen mit Unregelmäßigkeiten nochmals großzügig Creme auftragen und abziehen. Creme, die nun oben über die Torte herausragt, mit einer Palette in die Mitte ziehen, damit eine saubere Kante entsteht.

So würde der fertige Kuchen angeschnitten aussehen. Drei Lagen Kuchen, zwei Schichten Creme. Gekühlt ist diese Torte stabil genug für einen Fondantüberzug.

Runde Torten für den Fondantüberzug vorbereiten

Fondant, so toll man mit diesem Material auch arbeiten kann, hat einen sehr großen Nachteil: Er offenbart selbst kleinere Unebenheiten. Diese sind nur schwer auszugleichen. Also gilt es, sie von vornherein zu vermeiden. Mit dieser Anleitung gelingt dies erstaunlich einfach.

Einen eckigen Kuchen backen und auskühlen lassen. Eine ungleichmäßige Erhöhung ggf. abschneiden. Kuchen umdrehen und auf ein Cakeboard stellen, das etwas größer als der Kuchen ist.

Ausreichend Buttercreme oder Ganache nach Anleitung auf S. 38 ff. zubereiten.

Alle Brösel rund um den Kuchen sorgfältig entfernen, damit diese nicht in die Creme gelangen. Dann zuerst Buttercreme auf die Oberfläche des Kuchens auftragen.

Die Creme so auf der gesamten Oberseite des Kuchens verteilen, dass sie – von oben gesehen – alle Ecken leicht verdeckt.

An den Seiten ebenfalls Creme auftragen. Anfangs etwas mehr als eigentlich notwendig.

Den gesamten Kuchen inkl. Ecken und Kanten komplett mit Creme einstreichen. Die Creme muss noch nicht sauber aufgetragen sein, sondern nur den ganzen Kuchen abdecken.

Mit einer Teigkarte entlang der Kanten des Cakeboards in mehreren Schritten die überschüssige Creme abtragen. Für perfekte Kanten die lange Seite der Teigkarte immer in einem 90-Grad-Winkel halten.

An Stellen, an denen noch Unregelmäßigkeiten zu sehen sind, nochmals großzügig Creme auftragen und abziehen. Zuletzt die Ecken sauber abziehen und die Oberseite der Torte glätten.

Profitipp: *Für besonders gleichmäßige Oberflächen und Kanten eine Palette in heißes Wasser tauchen und die gut gekühlte Buttercreme oder Ganache noch einmal abziehen.*

Eckige Torten für den Fondantüberzug vorbereiten

Eckige Torten für den Fondant vorzubereiten, gehört zu jenen Herausforderungen, die zum einen etwas Übung voraussetzen und zum anderen Geduld erfordern. Es lohnt sich, die Torte immer wieder einmal zwischenzukühlen. So lassen sich die Ecken deutlich einfacher ausarbeiten.

Fondant für das Eindecken vorbereiten

Es mag ein wenig pingelig klingen, eine ganze Seite zu verwenden, um über das richtige Kneten von Fondant zu schreiben. Doch wer schon einmal mit rissigem Fondant gekämpft und versucht hat, riesige Luftblasen aus der Fondantdecke zu entfernen, der wird die folgenden Tipps durchaus zu schätzen wissen.

10 Tipps, wie man den Fondant richtig für das Eindecken vorbereitet

1. *Fondant muss vor dem Ausrollen immer geknetet werden, damit er geschmeidig wird.*

2. *Fondant vor dem Verarbeiten bei Zimmertemperatur akklimatisieren lassen. Ist Fondant zu kalt, ist er brüchig und trocknet sehr schnell aus.*

3. *Beim Kneten darf keine Luft in den Fondant eingearbeitet werden. Der Fondant sollte deshalb nie überlappt oder gefaltet werden. Um dies zu gewährleisten, sollte man den Fondant nach jedem Zusammendrücken drehen und ihn von einer anderen Seite bearbeiten.*

4. *Um Farbe in den Fondant einzuarbeiten, diese mit einem Messer oder einer Holzspachtel dünn und großflächig auf die Oberfläche streichen. So lässt es sich vermeiden, den Fondant über die Farbe falten zu müssen.*

5. *Fondant, der längere Zeit gelagert wurde, neigt dazu, brüchig zu werden. Dies sorgt beim Eindecken der Torte für Risse an den Ecken. Sollte der Fondant spröde wirken, einfach die Handflächen mit etwas weißem Pflanzenfett (findet man im Kühlregal jedes Supermarktes) einstreichen und dieses durch Kneten einarbeiten. Wichtig: Nur wenig verwenden, zu viel würde den Fondant zu weich machen.*

6. *Hat man den Fondant versehentlich zu lange geknetet, sodass er weich wird, sollte man diesen luftdicht verpacken und 10 Minuten liegen lassen.*

7. *Wurde beim Kneten versehentlich doch Luft eingearbeitet, hilft nur mehr eine Nadel. Die Blase im Fondant seitlich einstechen und mit der Fingerkuppe vorsichtig die Luft aus dem Fondant streichen. Ideal ist hier eine dünne, saubere Stecknadel oder eine sterile Nadel (für Spritzen) aus der Apotheke. Letztere gibt es besonders dünn, sodass der Fondant keine „Verletzung" in Form von Punkten erleidet.*

8. *Beim Überziehen von Torten kann es passieren, dass plötzlich eine sehr große Luftblase am Rand der Torte entsteht. Dies geschieht, wenn der Tortenboden etwas nachgibt. Auch hier leistet eine dünne Nadel gute Dienste, um die Luft entweichen zu lassen. Die Blase kann mit einem Fondantglätter dann flach gearbeitet werden.*

9. *Entstehen beim Eindecken der Torte trotzdem Risse, hilft Trick Nummer 5 erneut. Den Handballen sehr dünn mit weißem Pflanzenfett benetzen und vorsichtig die Kante der Torte nacharbeiten. Wichtig: Ringe und Schmuck vorher ablegen!*

10. *Man neigt dazu, Fondant beim Ausrollen dicker zu lassen, damit er „stabiler" ist. Eine zu dicke Fondantdecke ist jedoch sehr schwer und zieht entsprechend stark an den Seiten nach unten, wodurch die Form rundlich wird und die Kanten einreißen. 2 bis 3 mm Stärke sind ausreichend, man spart viel Material bzw. Kosten, und der Fondant lässt sich viel leichter bearbeiten.*

Runde Torten mit Fondant eindecken

 Eine Torte nach Wunsch vorbereiten und mit Ganache oder Buttercreme einstreichen. Fondant nach Wunsch färben und kneten, bis er geschmeidig ist.

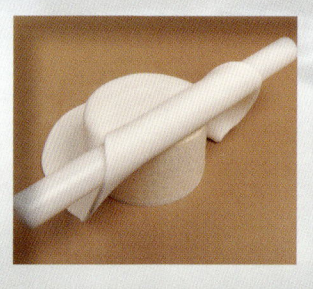 Den Fondant mit einem Rollstab 3–5 mm dick und sehr gleichmäßig ausrollen. Mit einem Lineal ausmessen, ob die Fläche ausreicht, um die gesamte Torte einzudecken (2 x Höhe + 1 x Breite) Den Fondant dann über den großen Ausrollstab und anschließend über die Torte legen. Diesen dabei nicht ziehen, sondern vorsichtig abrollen, damit die Torte nicht beschädigt wird.

 Den Fondant auf die Torte legen und mit dem Handballen vorsichtig die Luft unter dem Fondant nach außen streichen. Den Fondantüberzug nun von oben nach unten an die Torte drücken. An jenen Stellen, an denen der Fondant Wellen schlägt, diesen immer wieder auseinander- und etwas nach außen ziehen.

Liegt der Fondant rundherum gleichmäßig an der Torte an, mit einem scharfen Messer den überschüssigen Fondant abschneiden und sofort gut verpacken.

Mit zwei Fondantglättern zuerst die Oberseite des Kuchens durch kreisförmige Bewegungen glätten, dann die Seite. Ideal ist es hierbei, den Kuchen auf eine drehbare Tortenplatte zu stellen und den Fondant rundherum gleichmäßig und mit sanftem Druck glatt zu streichen.

Sollte die Kante nicht gleichmäßig sein, mit den Handballen ganz vorsichtig den Rand nachziehen. Nun ist die Torte bereit für ein individuelles Design.

Profitipp: Stellt man die Torte vor dem Überziehen auf eine Erhöhung (z. B. eine Tortenform), die kleiner als das Cakeboard ist, hängt der Fondant nach dem Glätten einfach an den Seiten nach unten. Nun kann man ihn waagrecht abschneiden, und es entsteht eine perfekte Unterkante.

Eine eckige Torte vorbereiten, wie im entsprechenden Kapitel auf S. 68 beschrieben. Fondant nach Wunsch färben und kneten, bis er geschmeidig ist.

Den Fondant mit einem Rollstab 3 mm dick und sehr gleichmäßig ausrollen. Mit einem Lineal abmessen, ob die Fläche ausreicht, um die gesamte Torte einzudecken (2 x Höhe + 1 x Breite). Den Fondant auf einen Ausrollstab nehmen und vorsichtig über der Torte abrollen.

Den Fondant vorsichtig komplett auf die Torte legen und mit dem Handballen die Luft unter dem Fondant nach außen streichen.

Eckige Torten mit Fondant eindecken

Den Fondant von oben nach unten an die Torte drücken. An jenen Stellen, an denen der Fondant Wellen schlägt, den Fondant immer wieder auseinander- und etwas nach außen ziehen, vor allem an den Ecken.

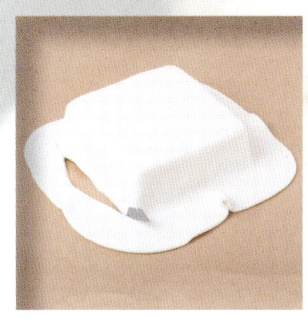

Liegt der Fondant rundherum gleichmäßig an der Torte an, mit einem scharfen Messer den überschüssigen Fondant abschneiden und sofort gut verpacken.

Mit einem Fondantglätter zuerst die Oberseite des Kuchens durch kreisförmige Bewegungen glätten, dann erst die Seiten. Für die Kanten am besten mit einem zweiten Glätter von beiden Seiten gleichmäßig sanften Druck ausüben.

Tipp: *Zum Ausformen der Kanten braucht es ein wenig Geduld, doch diese lohnt sich. Die Glätter dienen dazu, den Fondant vorsichtig zu einer sauberen 90°-Kante zusammenzuschieben.*

Gerade bei Motivtorten, an denen man meist mehrere Stunden arbeitet, bis die eigenen Designvorstellungen umgesetzt wurden, ist gute Kühlung sehr wichtig. Das ist bei Fondanttorten jedoch nicht ganz so unkompliziert wie bei normalen Torten. Fondant besteht zum größten Teil aus Zucker. Und da sich Zucker auflöst, wenn er feucht oder gar nass wird, gilt es, einige Dinge zu beachten.

Der Kühlschrank als Problemzone

Jeder Kühlschrank hat eine gewisse Grundfeuchtigkeit. Ist diese zu hoch, kann es passieren, dass sich die Oberfläche des Fondants auflöst. Abhilfe kann hier ein möglichst leerer Kühlschrank schaffen. Feuchte Lebensmittel zu entfernen, schafft schnell trockenere Bedingungen und vermeidet zudem unangenehme Gerüche.

Selbst in trockenen Kühlschränken lässt sich nicht vermeiden, dass sich Feuchtigkeit auf dem Fondant ablegt, wenn man die Motivtorte an warmen Orten aus dem Kühlschrank nimmt. Diese Kondensation sorgt dafür, dass sich durch den hohen Temperaturunterschied Wasser auf dem Fondant sammelt. Durch die sich bildende feuchte Oberfläche löst sich der Fondant zunächst nur leicht oberflächlich auf. Das trocknet wieder, aber der Fondant kann dadurch schnell rissig und/oder unansehnlich werden. Der Kondensationseffekt ist von Herbst bis Frühling meist vertretbar. Der Fondant ist dann ganz leicht feucht, doch diese Feuchtigkeit trocknet rückstandslos in wenigen Minuten wieder auf. Aber gerade in den heißen Sommermonaten kann Kondensation zu einem echten Problem werden. Doch dieses lässt sich mit einem einfachen Trick umgehen:

Wie kühlt man Fondanttorten richtig?

Die Lösung für das Feuchtigkeitsproblem ist schnell erklärt: Man packt die Torte in einen sauberen Karton und verschließt diesen gründlich.

Vier Gründe, warum das funktioniert:

1 Der Karton hält die Feuchtigkeit des Kühlschrankes oder Kühlhauses draußen.

2 Der Karton saugt selbst Feuchtigkeit auf, was dazu führt, dass die kondensierende Feuchtigkeit, wenn man die Torte aus dem kühlen Kühlschrank nimmt, sich nicht auf der Torte ablegt, sondern einfach im Kartonmaterial selbst verpufft.

3 Der Karton dient als isolierende Schicht. Nimmt man ihn aus dem Kühlschrank, erwärmt sich die Luft im Inneren viel langsamer, und es entsteht deutlich weniger Feuchtigkeit auf der Torte.

4 Der Karton ist ein (zumindest eine Zeit lang) isolierendes, ideales Transportmittel für eure Torte. Der Karton hat außerdem den Vorteil, Gerüche draußen zu halten.

Mehrstöckige Torten stapeln

Wer Torten zu backen und dekorieren als Hobby und nicht nur als Mittel zum Zweck betreibt, der wird irgendwann den Schritt zum Dekorieren mit Fondant und Marzipan machen. Und wer hier besser wird, will garantiert früher oder später im wahrsten Sinne des Wortes „hoch hinaus". Hochzeitstorten und andere mehrstöckige Torten sind sozusagen die Meisterklasse der Motivtorten, doch ein solches Konstrukt verlangt natürlich sorgfältige Planung und ein stabiles Innenleben. Wie das funktioniert, seht ihr auf den folgenden Seiten.

Die notwendigen Materialien für mehrstöckige Torten

Das Grundkonstrukt besteht aus drei Komponenten:
- *Stabile Stützen: Hierfür gibt es zum einen Tortensäulen aus lebensmittelechtem Kunststoff im Fachhandel, es eignen sich zum anderen aber auch Buchenholzstäbe, die es im Bastelbedarf gibt.*
- *Ein Cakeboard pro Ebene,*
- *Ein relativ stabiler Kuchen, der verhindert, dass die Tortenstützen zur Seite verrutschen können. Die im Rezeptteil angegebenen Rezepte passen hierfür sehr gut.*

Die nötige Stabilität für mehrstöckige Torten

Um mehrere Torten aufeinanderzustapeln, dürfen die einzelnen Kuchen natürlich nicht einfach aufeinandergesetzt werden. Diese würden nachgeben und früher oder später einfach umfallen. Für die notwendige Stabilität braucht es deshalb folgende Konstruktion:

1 *Jeder einzelne Kuchen steht auf einem Cakeboard, das gegebenenfalls auch mit Fondant eingedeckt wird.*

2 *Die Torten stehen zusätzlich auf sogenannten Tortensäulen oder Tortendübeln, die ausreichend bemessen sein müssen, um dem Gewicht der Torte standhalten zu können.*

Die nachfolgende Grafik zeigt perfekt, wie eine Torte aufgebaut sein muss, damit sie wirklich stabil ist und hält. Das Grundprinzip ist einfach, aber man muss es erstmal verstehen. Also, los geht's!

1 Der Kuchen, eh klar
2 Etwas Ganache als Kleber für die Torte
3 Die Füllung nach Wunsch
4 Der Untergrund für den Fondantüberzug
5 Der Fondantüberzug
6 Das erste Cakeboard
7 Tortendübel für die nötige Stabilität
8 Jede Torte steht auf einem Cakeboard
9 Weitere Tortendübel oder Tortensäulen
10 Cakeboards für JEDE Ebene

Wie viel Stabilität braucht eine Torte?

Folgende Mengen an Säulen/Stützen haben sich bewährt.

Ebene 1 → 7 Säulen Ebene 2 → 6 Säulen Ebene 3 → 4 Säulen
Ebene 4 → 3 Säulen Ebene 5 → keine Säule

Für die Ebenen 1 bis 3 gilt: 1 Säule mittig, die restlichen kreisförmig und gleichmäßig verteilt außen herum und möglichst an den Außenrändern des Cakeboards der oberen Ebene. Eine genauere Beschreibung erfolgt in den nachfolgenden Steps im Detail.

Fehlerbehebung

Wie bei allen handwerklichen Dingen können sich beim Tortenstapeln schnell Fehler einschleichen, die das Endergebnis suboptimal machen können. Im Folgenden werden die gröbsten Probleme vorab behoben:

1 Wichtig: Um sicher zu gehen, dass alle Tortendübel die gleiche Länge haben, nur einen von diesen abmessen und alle anderen gleich lang abschneiden. So ist gewährleistet, dass jede Ebene wirklich stabil steht.
2 Notlösungen können schnell zu Ärger führen. Strohhalme können eine Torte zwar theoretisch tragen, aber sehr schnell einknicken. Die Folge ist eine umgefallene Torte.
3 Torten erst nach dem Transport stapeln, falls möglich. Die größte Gefahrenquelle für die Beschädigung einer Torte ist der Transport, gerade bei hohen Torten. Daher ist es empfehlenswert, falls logistisch möglich, die Torte erst an Ort und Stelle zu stapeln.

Hochzeitstorte stapeln – Schritt für Schritt:

1 Die genaue Mitte der untersten Tortenebene ausmessen und markieren.
2 Eine der Tortensäulen in der Mitte, senkrecht von oben bis hinunter zum Cakeboard, in die Torte stecken.
3 Die Stelle, an der die Torte aufhört, markieren und die Säule wieder herausziehen.
4 Die erste Säule an der markierten Stelle möglichst gerade abschneiden.
5 Diese erste Säule dient nun als Schablone für alle weiteren Säulen dieser Ebene.
6 Alle Tortensäulen für diese Ebene gleich lang abschneiden. Wichtig: Nicht jede Säule individuell abmessen, sonst liegt die nächste Tortenebene nicht plan auf, sondern wird schief.
7 Alle Säulen dieser Ebene so in die Torte stecken, dass diese die nächste Ebene abstützen können, also weit genug in Richtung Mitte der Torte versetzt.
8 Bei den weiteren Ebenen gleich verfahren, die oberste braucht natürlich keine Stütze.

Torten transportieren

Liest man dieses Kapitel, hat man meist schon viel Arbeit, einiges an Planung und mühsame Kleinstarbeit hinter sich. Muss die fertige Motivtorte nun für eine Feierlichkeit oder als Geschenk transportiert werden, dann steht man gerade an heißen Sommertagen vor der Frage: Wie bringe ich meine Motivtorte heil an ihren Zielort? Und so gelingt's!

Die Torte muss ausreichend gekühlt sein

Die richtigen Rezepte vorausgesetzt, ist eine Motivtorte relativ stabil und bleibt von Vibrationen und leichtem Wackeln z. B. im Auto unbeeindruckt. Eine Bedingung dafür ist jedoch, dass die Torte sehr gut gekühlt ist. Wird die Torte zu warm, verliert sie auch an Stabilität.

Wie halte ich die Torte kühl?

Gerade an heißen Sommertagen ist es essenziell, Torten kühl zu halten. Eine Kühlbox oder Styroporkiste sind perfekt und können mit einem zusätzlichen Kühlakku eine Torte über Stunden kühl halten. Sollte keine solche Box vorhanden sein, ist auch ein Karton (siehe Kapitel: Torten kühlen, S. 76/77) mit 1 bis 2 Kühlakkus eine gute Alternative.

Motivtorten stabil lagern

Motivtorten sollten gerade und auf einer rutschfesten Unterlage stehen (hier kann bereits ein Geschirrtuch gute Dienste leisten). Sie sollten vor groben Erschütterungen geschützt werden. Torten auf keinen Fall auf einem Drehteller transportieren!
Stellt man eine Torte auf einem Cakeboard in einen Karton, sollte man zwischen Cakeboard und Karton einen Streifen doppelseitiges Klebeband kleben, sonst rutscht die Torte und könnte Schaden nehmen.

Maximal zwei Tortenebenen vor dem Transport stapeln

Mehrstöckige Torten erfordern besonderes Augenmerk: Jede Kurve, jede Erschütterung während der Fahrt oder unterwegs belastet die Stabilität der Torte. Je weniger Gewicht, desto besser. Eine höhere Torte ist auch ein größerer Hebel für die Schwerkraft in Kurven. Deshalb gilt: Die Torte niedrig lassen und ausreichend Dübel verwenden (siehe Kapitel Torten stapeln).

Tortenebenen verkleben

Je mehr Stabilität, desto besser. Es hat sich bewährt, Torten und Cakeboards mit Ganache oder Buttercreme zu verkleben. Ich mache das inzwischen immer, und der Transport verliert einen Großteil seines Schreckens.

Gebackener Genuss

Melonentorte	86
Coffeecup	92
Hamburger	96
Bierkrug	100
Spaghetti im Topf	104
Weinkiste	108

Melonentorte

Wassermelonen gehören zum Sommer wie Urlaub, Grillen und die Sonne selbst. Wer die Melonensaison jedoch nicht mehr erwarten kann, der kann sich seine Wassermelone mit dieser Anleitung auch selbst backen...

Benötigte Materialien:

- 1 Edelstahlschüssel (Ø 20 cm)
- 2 runde Springformen (Ø 20 cm)
- 1 rundes Cakeboard (Ø 20 cm)
- 1000 g Fondant
- Lebensmittelfarbpaste hellgrün
- Lebensmittelfarbpaste dunkelgrün
- Lebensmittelfarbpaste rot
- Lebensmittelfarbpaste pink
- Lebensmittelfarbpaste gelb
- Lebensmittelfarbpaste braun
- Alkohol weiß (Wodka, Rum etc.)
- 1 breiter Haarpinsel
- Backstabile Schokodrops

1 Eine doppelte Menge des Ölkuchens oder Rührteiges zubereiten und den Teig mit Rot und einer Spur Pink färben. Die Masse auf zwei runde Springformen (Ø 20 cm) und eine Edelstahlschüssel (Ø 20 cm) aufteilen, Schokodrops drüberstreuen und backen. Die braune Kruste an der Ober- und Unterseite der runden Kuchen abschneiden, dass nur mehr der rote Teig sichtbar ist. Die beiden Tortenböden nochmal je einmal quer durchschneiden.
So hat man 4 Böden und eine Halbkugel.

2 500 g Buttercreme zubereiten. Ein Drittel davon entnehmen und mit Pink so färben, dass die Farbe jener des Kuchens sehr ähnelt. Die restliche Buttercreme weiß lassen.

3 Den ersten Boden auf das Cakeboard stellen, mit der gefärbten Buttercreme einstreichen und Schokodrops darauf verteilen.

4 Auf diese Art jeden der Böden und zuletzt die Halbkugel stapeln. Wichtig ist, dass keine braunen Krusten an den Ober- oder Unterseiten der Kuchen mehr sind.

5 Nun die braune Kruste an den Außenrändern der Torte vollständig entfernen. Dabei kann die Form noch ein wenig nachgebessert werden.

6 Den ganzen Kuchen zuerst nur sehr dünn mit Creme einstreichen, damit die Brösel gebunden werden. Den Kuchen dann 10 Minuten kühlen.

7 Den Kuchen nun mit dem Rest der Buttercreme einstreichen und die Oberfläche sauber abziehen und glätten. Dann nochmals kurz kühlen.

8 Den Kuchen und das Cakeboard mit 1000 g weißem Fondant überziehen. Dies funktioniert gleich wie bei runden Torten, ohne Kanten ist es jedoch etwas einfacher.

9 Den ganzen Fondant sauber glätten und die unteren Ränder sauber trimmen.

10 Folgende Lebensmittelfarben in etwas Alkohol auflösen: Hellgrün, Gelb und ein klein wenig Rot. Mit dieser recht dünnen Lösung die ganze Torte einpinseln.

11 Ein wenig dunkelgrüne Lebensmittelfarbe in die Farblösung mischen, sodass eine etwas dunklere Farbe entsteht. Mit einem Haarpinsel nun auf der ganzen Oberfläche Flecken auftupfen.

12 Zuletzt noch mehr Dunkelgrün in die Lösung geben sowie noch einen Tropfen Rot. So soll eine recht dunkle, grüne Alkohollösung entstehen. Mit dieser nun rund um die Torte herum Streifen tupfen, die von oben nach unten stärker/breiter werden. So bekommt die Melone eine täuschend echte Optik.

13 Zwei haselnussgroße Kugeln aus braunem Fondant formen. In eine Kugel mit einem Ball-Tool eine Vertiefung drücken und die andere nach oben zuspitzen.

14 In die Melone mit dem Ball-Tool an der Oberseite eine Vertiefung drücken und darin die beiden zuvor hergestellten Elemente drücken. Mit der übrigen dunkelgrünen Alkohollösung großzügig darüberpinseln. Die Melone dann ein wenig trocknen lassen.

Coffeecup

Was gibt es Schöneres, als an einem verschneiten Sonntagnachmittag eine Tasse Kaffee und ein Stück Kuchen vor dem Kamin zu genießen? Na was wohl? Ein Stück Kaffeetassenkuchen!

Benötigte Materialien:

1 rundes Törtchen (⌀ 10 cm)

1 rechteckiges Cakeboard (Kantenlänge 20 cm)

250 g Fondant

250 g Marzipan

30 g Blütenpaste

Lebensmittelfarbpaste hellblau

Lebensmittelfarbpaste braun

Sugar Gun

1 100 g Marzipan braun und 250 g Fondant zart hellblau färben. Das braune Marzipan ausrollen und einen 10 cm großen Kreis ausstechen.

2 Ein Törtchen mit 10 cm Durchmesser für die Form einer Kaffeetasse um eine Ebene höher als angegeben stapeln. Den Fondant länglich ausrollen. Das Törtchen abmessen. Der Fondant muss groß genug sein, um in einem Stück das ganze Törtchen zu umschließen sowie die ganze Höhe plus 1 cm abzudecken. Das Stück muss exakt rechteckig zugeschnitten sein.

3 Das Törtchen 10 Minuten in den Tiefkühler stellen, damit es besonders stabil wird. Dann den braunen Marzipankreis darauf legen und glätten. Anschließend das Fondantrechteck um das Törtchen herumlegen und vorsichtig andrücken.

4 Die Nahtstelle des Fondants mit dem Handballen leicht verstreichen. Die Naht wird immer leicht sichtbar sein, lässt sich aber recht gut verbinden, damit der Fondant nicht mehr aufgeht. Dann mit einem Fondantglätter die Oberfläche vorsichtig glätten.

5 Für die Kaffeebohnen aus dem zuvor gefärbten braunen Marzipan etwa erbsengroße Kugeln drehen, diese länglich ausformen und mit einem Messer oder geraden Gegenstand einritzen.

6 So viele Kaffeebohnen aus Marzipan formen, dass später das gesamte Törtchen darauf stehen kann (etwa eine Handvoll).

7 Für den Henkel etwa 30 g Blütenpaste im selben Hellblau wie die Tasse selbst färben. Daraus eine Kugel formen, diese zu einem Strang rollen und diesen wiederum möglichst länglich etwa 2 mm dick ausrollen. Den Streifen 1 cm breit zuschneiden. Die Kanten sollten so scharf wie möglich sein.

Zuletzt diesen Streifen zu einem Henkel biegen, wie auf dem Bild aufstellen und über Nacht trocknen lassen. Wichtig ist dabei, dass die Enden des Henkels genug Auflagefläche an die Tasse bieten müssen, um später festgeklebt werden zu können.

8 Damit die Tasse später schief stehen kann, von der Nahtstelle ausgehend einen schrägen Schnitt quer durch die Unterseite des Kuchens setzen, wie auf dem Bild zu sehen. Zu Beginn recht wenig abschneiden. Der Kuchen lässt sich sehr leicht schneiden und deshalb Schritt für Schritt anpassen. Das Ergebnis sollte wie auf dem Bild aussehen.

9 Den über Nacht durchgehärteten Henkel mit etwas Zuckerkleber an die Tasse kleben.

10 Aus dem restlichen Marzipan kleine Tropfen formen, indem man eine Marzipankugel stark zuspitzt und dann leicht abbiegt.

11 Die Marzipantropfen nach Gefühl so an die Tasse kleben, dass es aussieht, als ob Kaffee aus der Tasse rinnen würde. Wichtig ist es, mit einem großen Tropfen die Nahtstelle zu kaschieren.

12 Ein quadratisches Cakeboard herrichten. Etwa 100 g Fondant hellbraun färben und ausrollen. Frischhaltefolie drauflegen und darauf einen Stoff mit grober Struktur (z. B. Jute). Mit den Fondantglättern die Stoffstruktur in den Fondant prägen. Die Frischhaltefolie verhindert, dass der Fondant verunreinigt wird.
Den strukturierten Fondant so auf das Cakeboard legen, dass er Wellen und Falten schlägt und damit natürlich wirkt. Die überstehenden Ränder trimmen und die Tasse draufstellen. Mit Kaffeebohnen verzieren und damit eventuell entstandene unschöne Übergänge kaschieren.

Hamburger

Ein leichtes Brötchen, mit Sesam bestreut, saftiges Rindfleisch, jede Menge Käse, Salat und Tomaten. Die Rede ist von einem frischen, saftigen Hamburger. Aber er muss nicht immer deftig sein, denn wie wäre es einfach mit Kuchen in Burgerform?

Benötigte Materialien:

1 runde Torte mit Vanillegeschmack (⌀ 20 cm)
1 runde Torte mit Schokoladegeschmack (⌀ 20 cm)
1 Cakeboard (quadratisch, Seitenlänge 25 cm)
850 g Fondant
100 g Blütenpaste
900 g Modelliermarzipan
Alkohol weiß (Wodka, Rum etc.)

Lebensmittelfarbpaste braun
Lebensmittelfarbpaste grau
Lebensmittelfarbpaste grün
Lebensmittelfarbpaste lila
Lebensmittelfarbpaste rot
Lebensmittelfarbpaste sonnengelb

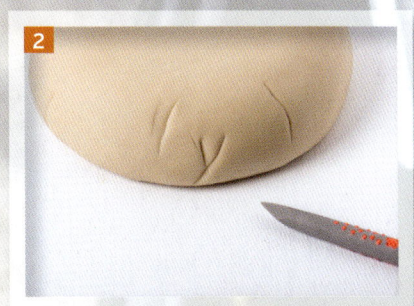

1 400 g Fondant hellbraun färben. Den Vanillekuchen in eine dickere und eine dünnere Ebene quer teilen. Den dickeren Teil an den Rändern mit einem scharfen Messer etwas abrunden, den Kuchen mit Creme einstreichen und mit hellbraunem Fondant überziehen. Dabei ist es wichtig, den unteren Abschluss des Fondants nicht zu eng abzutrimmen, sondern ihn unter den Kuchen zu schieben.

2 Mit dem Slice-Tool einige willkürliche Rillen für eine natürliche Optik des Brotes modellieren. Diese mit der Hand vorsichtig wieder ein wenig verstreichen.

3 Braune Lebensmittelfarbe in weißem Alkohol auflösen und damit die Oberseite des Brötchens einstreichen, um diesem eine natürlichere Optik und ein wenig Glanz zu verleihen.

4 Die untere Seite des Vanillekuchens einstreichen und mit dem restlichen hellbraunen Fondant überziehen.

5 Den unteren Rand des Kuchens mit der braunen Farbe einstreichen. Die Oberseite bleibt, wie sie ist.

6 Das untere Brötchen auf ein Cakeboard stellen. 200 g Fondant etwas grau und braun färben, sehr dünn ausrollen und so um den Kuchen herum auf das Cakeboard legen, dass der Fondant grobe Wellen schlägt, dabei aber das ganze Cakeboard abdeckt.

7 100 g Blütenpaste grün färben. 4 Kugeln daraus formen. Jede Kugel hauchdünn ausrollen, auf ein Schaumstoff-Board (im Fachhandel erhältlich) legen und mit dem Veiner-Tool oder dem Ball-Tool die Ränder ausdünnen. Dies sowohl außen als auch in der Mitte der grünen Blütenpaste durchführen.
Alle 4 Kugeln so zu Salatblättern verarbeiten. Die Blätter luftdicht verschließen, damit sie lange formbar bleiben.

8 Zwei der Salatblätter in der Mitte durchschneiden und so auf dem Brötchen verteilen, dass der Salat Wellen schlägt und damit eine natürliche Optik erhält.

9 Für die roten Zwiebelringe 100 g Modelliermarzipan mit Lila und Rot recht dunkel färben. 50 g weißen Fondant dazunehmen, beides grob verkneten und zu einem Strang formen.

10 Diesen Strang ausrollen und mit zwei unterschiedlich großen Kreisausstechern einige rote Zwiebelringe herstellen.

11 Die Zwiebelringe zwischen den Salatblättern platzieren.

12 Den Schokokuchen zur Hand nehmen, in zwei Scheiben schneiden. Diese sollten etwa so dünn wie das untere Brötchen sein. Mit Creme einstreichen und beide Kuchen mit je 200 g dunkelbraun gefärbtem Modelliermarzipan (braune und etwas schwarze Lebensmittelfarbpaste) überziehen.

13 Mit einem Ball-Tool rundherum auf der gesamten Oberfläche, die später vom „Fleisch" sichtbar ist, runde Vertiefungen eindrücken. Je mehr, umso besser. Das Marzipan verleiht dem Ganzen zusätzlich etwas mehr Struktur als glatter Fondant.

14 Für den Speck 200 g Marzipan kräftig rot färben und ausrollen. Einige Stränge weißen Fondant ausrollen und längs ungleichmäßig auf das Marzipan legen. Anschließend ausrollen.

15 Aus dem Marzipan nun länglich, den weißen Streifen entlang, unterschiedlich breite Streifen Speck ausschneiden. Insgesamt werden 4 bis 5 Stück benötigt. Das übrige Marzipan gut verkneten und für später verpacken.

16 100 g Fondant gelb färben, ausrollen, Vierecke ausschneiden und mit runden Ausstechern kleine Löcher für eine Käseoptik ausstechen. Die Käsescheiben in 2 Hälften schneiden. Insgesamt werden 4 Scheiben, also 8 Hälften benötigt.

17 Das erste Fleisch auf den Burger legen und leicht festdrücken, damit der Kuchen satt aufliegt. Speck und Käse so darauf platzieren, dass alles leicht nach außen übersteht. Falls vom Einstreichen der Kuchen noch Creme übrig ist, kann diese nun in der Mitte (nicht am Rand!) verstrichen werden.

18 Das vom Speck übriggebliebene rote Marzipan zur Hand nehmen. Es sollte durch den weißen Fondant nun etwas heller als der Speck sein. Das Marzipan 0,5 cm dick ausrollen und so viele runde Scheiben wie möglich herstellen (Ø 5 bis 8 cm). Aus einem weißen Fondantrest 6 dünne Streifen formen und diese auf der Scheibe, wie auf dem Bild zu sehen, platzieren. Aus Resten vom Käse kleine Kugeln formen und auf der Tomatenscheibe verteilen. Die Scheibe dann sehr vorsichtig ausrollen. Der Kreis soll dabei bleiben, wie er ist, lediglich die Designelemente sollen festgedrückt werden. Die Tomaten in zwei Hälften schneiden.

19 Das übrige Marzipan erneut kräftig rot nachfärben. Daraus kleine Ketchup-Kleckse formen und diese mehrmals mit weißem Alkohol einstreichen. Dadurch glänzen sie. Wenn kein Marzipan übrig ist, diesen Schritt auslassen.

20 Den zweiten Fleischkuchen platzieren und leicht festdrücken. Dabei darauf achten, dass der Burger gerade bleibt. Anschließend die übrigen Salatblätter auflegen. Tomaten, Käse und Ketchup platzieren.

21 Das übrige Brötchen auf dem Burger platzieren. Für den Sesam 50 g Fondant sehr leicht braun einfärben, daraus 1 mm messende Kugeln formen, diese auf einer Seite zuspitzen und mit Fondantkleber an die Oberseite der Torte kleben.

22 200 g Marzipan gelb färben. Eine Kugel formen und diese einfach (falls vorhanden) durch einen Pommesschneider drücken. Ansonsten 1,5 cm dick ausrollen und großzügige Streifen schneiden. Diese leicht nachformen, damit sie wie Pommes aussehen. Die Spitzen und Kanten der Pommes können für eine gebratene Optik mit einem Rest der braunen Alkohollösung leicht angepinselt werden.

23 Die Pommes rund um den fertigen Burger platzieren.

sollte ca. 20 cm hoch sein und die Maße eines Bierkruges haben.

2 400 g Fondant sehr dünn ausrollen und daraus einen Streifen ausschneiden, der so lange wie der Umfang des Kuchens und so breit wie dessen Höhe ist. Den Fondant dann einmal um den Kuchen herumlegen, sodass die gesamte Seite abgedeckt ist.

3 800 g Fondant sonnenblumengelb färben, dabei darf die Farbe ungleichmäßig verknetet sein. 200 g ausrollen, in schmale Streifen schneiden und mit einem runden Ausstecher einige halbrunde Elemente ausstechen, wie auf dem Bild zu sehen. Die Kreise werden nicht benötigt.

4 Die Streifen und die halbrunden Elemente nun, wie auf dem Bild zu sehen, an der Torte anbringen. 1 Streifen unten einmal um die Torte herumlegen, darauf abwechselnd die halbrunden Elemente und die Streifen mit etwas Fondantkleber anbringen. So ergeben sich anschließend die Vertiefungen eines Maßkruges.

5 Den restlichen gelben Fondant, wie zuvor beim weißen Fondant, zu einem Streifen ausrollen, der die ganze Seite des Kruges rundherum abdeckt. Die Torte nun hauchdünn mit Fondantkleber einstreichen und den gelben Streifen vorsichtig herumlegen. Mit dem Finger noch die Vertiefungen ein wenig ausformen, sodass diese besser sichtbar und gleichmäßiger werden.

6 50 ml Alkohol sonnengelb färben, die Hälfte davon beiseitegeben und ein wenig braune Lebensmittelfarbe dazugeben. Nun die gesamte Seite der Torte zuerst mit der gelben Farbe einstreichen, dann die Vertiefungen vorsichtig mit der leicht gebräunten Flüssigkeit. Dadurch erhält die Torte eine natürlichere Optik.

7 100 g Fondant zu verschieden großen Kugeln formen und diese auf die Torte legen, sodass in der Mitte eine Erhöhung entsteht.

8 Weitere 100 g Fondant hauchdünn ausrollen und über die Torte legen, um eine Schaumhaube entstehen zu lassen. Mit einem Finger die Vertiefungen etwas hervorheben.

9 100 g Blütenpaste ganz leicht sonnengelb färben. Den Fondant zu einem Strang formen und diesen etwas flach drücken. Aus diesem Strang einen Henkel für den Krug formen und zwei Cakepop-Stiele zur besseren Fixierung in die Enden stecken. Den Henkel eine Stunde antrocknen lassen, damit er stabil wird und dann seitlich in den Krug stecken.

Spaghetti im Topf

Es gibt Torten, die man auf den ersten Blick gar nicht als solche erkennen kann. So wie diesen Topf Spaghetti mit Tomatensauce.
Wer sich hier auf ein deftiges Mittagessen freut, wird eine süße Überraschung erleben …

Benötigte Materialien:

2 Torten (⌀ 20 cm)
1300 g Fondant
100 g Blütenpaste
Lebensmittelfarbpaste Silber
Lebensmittelfarbpaste Rot
Lebensmittelfarbpaste Gelb
4 Cakepops-Stiele

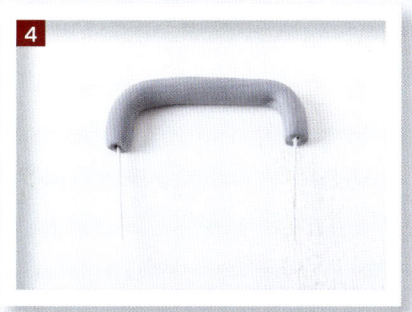

1 Zwei Torten mit ⌀ 20 cm backen, aufeinanderstellen und für den Fondantüberzug vorbereiten. Die Ecken dabei nicht eckig, sondern sehr rund einstreichen. 800 g Fondant rot färben und damit die Torte eindecken. Die Torte so 1 bis 2 Stunden stehen lassen, damit der Fondant ein wenig antrocknet und stabiler wird. Die Torte wird später umgedreht.

2 200 g Fondant mit 100 g Blütenpaste verkneten und silbern färben. Daraus einen 2 cm breiten Streifen herstellen. Den Streifen so um die ganze Torte kleben, dass er bündig mit dem roten Fondant abschließt. Den Kleber gut anziehen lassen, dann kann die Torte umgedreht und quasi auf den Kopf gestellt werden.

3 300 g Fondant zart gelb färben und sehr weich kneten. Mit einer Presse (z. B. Sugar Gun, Kartoffelpresse, Knoblauchpresse, Nudelmaschine usw.) lange runde Stränge als Spaghetti pressen.

4 Den übrigen silbernen Fondant in drei gleich große Teile aufteilen. Aus zwei Teilen 2 cm dicke Stränge rollen und diese zu Griffen für den Kochtopf formen. In die Enden zwei Cakepops-Stiele stecken und die Griffe trocknen lassen.

5 Das letzte Drittel des silbernen Fondants ausrollen und daraus zwei Rechtecke schneiden, die länger sind als die Griffe breit.

6 Die Rechtecke parallel gegenüber an den Topf kleben und die Griffe durchstecken.

7 Die Spaghetti so auf der Oberseite des Kuchens platzieren, dass sie in der Mitte etwas höher angeordnet sind als an den Rändern und einige Nudeln über den Rand hinunterhängen. So lassen sich auch unsaubere Stellen am Rand kaschieren.

8 50 g weiche Butter schaumig schlagen, 100 g Himbeergelee dazugeben und alles mehrere Minuten gut durchmixen. Die Sauce erst vor dem Servieren über die Nudeln gießen, da sie den Fondant ein wenig aufweicht (siehe fertige Torte).

Weinkiste

*Ein guter Wein soll mit den Jahren ja immer besser werden ...
das lange Lagern sollte man diesem Wein eher nicht antun.
Je frischer, desto besser. Ein echter Kuchen für alle Weinliebhaber
und all jene, die es noch werden wollen.*

Benötigte Materialien:
Torte 20 x 30 cm
Blechkuchen zum Zusammensetzen einer Weinflasche
1800 g Fondant
Lebensmittelfarbpaste Grün
Lebensmittelfarbpaste Schwarz
Lebensmittelfarbpaste Braun
Lebensmittelfarbpaste Gelb
1 Weinflasche für das Etikett
Weißer Alkohol (Wodka, Rum)

1 Zwei Kuchen backen. Einen rechteckigen mit 30 x 20 cm. Den zweiten so, dass es möglich ist, daraus die Größe einer Weinflasche zu schneiden. Der Kuchen kann dabei auch gestückelt werden. Den rechteckigen Kuchen für den Fondantüberzug vorbereiten, 800 g Fondant hellbraun färben und damit die Torte eindecken.

2 Den Kuchen für die Weinflasche in Form schneiden und mit Ganache oder Buttercreme einstreichen. 300 g Fondant dunkelgrün färben und damit den Kuchen in Flaschenform eindecken.

3 500 g Fondant mit 1 TL CMC verkneten und dunkelbraun färben. Den Fondant 3 mm dick ausrollen und daraus ein Rechteck ausschneiden, das eine der langen Seiten des Kuchens abdeckt. Mit einem größeren Lineal zwei Furchen einprägen, die die Seite optisch in 3 Bretter teilt.

4 Wie im Schritt zuvor alle vier Seiten mit „Holzbrettern" einfassen. Mit dem Slice-Tool wellenförmige Linien in den Fondant ritzen, um eine Holzoptik nachzuahmen.

5 Für einen authentischen Look mit dem Straw-Tool an den Kanten Vertiefungen drücken, die Steckverbindungen imitieren.

6 30 g Fondant schwarz färben, dünn ausrollen und an einer Seite gerade abschneiden. Den Fondant dann so auf den Flaschenhals legen, dass ein gerader Übergang entsteht. Überschüssigen Fondant einfach abschneiden.

7 Die gesamte Holzkiste mit weißem Alkohol dünn einpinseln. So werden Reste der Bäckerstärke beseitigt, und nach dem Auftrocknen verstärkt sich die Holzstruktur. Danach die Flasche vorsichtig auf die Holzkiste legen und mit dem Slice-Tool an der Unterseite halbkreisförmig Rillen prägen.

8 200 g Fondant zart gelb färben, dünn ausrollen und in ungleichmäßige Streifen schneiden. Den Fondant über einen Ausrollstab legen und mind. 3 bis 4 Stunden trocknen lassen. So erhält er später mehr Volumen und einen authentischen Look.

9 Für das Etikett einfach eine echte Weinflasche über Nacht in Wasser einlegen, morgens lässt sich das Etikett einfach und rückstandslos abziehen. Für einen „neuen" Look der Flasche das Etikett pressen und austrocknen lassen. Für einen Retro-Look einfach das noch feuchte Etikett wie in diesem Fall auf die Torte legen und glatt streichen. Es wird ein paar Wellen ziehen, aber optisch einiges hermachen. Das Etikett vor dem Verzehr entfernen.

10 Rund um die Flasche die zuvor hergestellten Holzspäne verteilen.

Einhorn

Einhorn-Cupcakes 114

Einhorntorte 118

Einhorntorte mit Figur 122

Einhorn-Cupcakes

Eine Einhorntorte ist das Highlight auf jeder Geburtstagsparty und das ideale Geschenk für alle jungen und junggebliebenen Damen. Doch was wäre eine Einhorntorte ohne das passende Gimmick: Mini-Einhörner! Cupcakes in Einhornoptik – schnell gemacht und auch als Geschenk sensationell.

Benötigte Materialien:

2 Cupcakes

50 g Blütenpaste

200 g Modelliermarzipan

2 cl weißer Alkohol (Wodka, Rum)

Essbares Goldpuder

Streudeko

Rosenblattausstecher ⌀ 3 und 4 cm

Anmerkung: *Die Beschreibung bezieht sich auf jeweils einen Cupcake zur besseren Verständlichkeit, die Mengenangaben hingegen auf 12 Stück wie auch das Grundrezept für die Muffins auf S. 32/33. So hat man ausreichend Material für die Herstellung.*

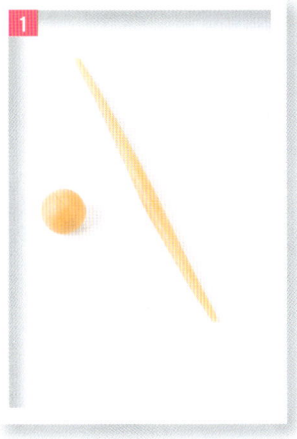 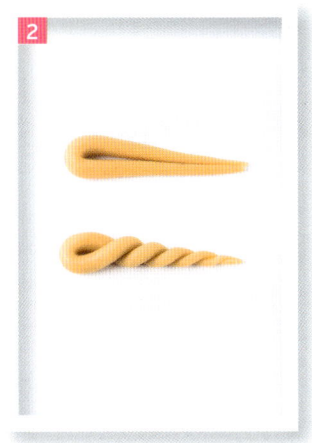  

1 Eine Kugel mit Ø 2–3 cm aus Marzipan formen und diese so ausrollen, dass die beiden Enden spitz zulaufen.

2 Den Strang in der Mitte falten und, wie auf dem Bild zu sehen, vorsichtig eindrehen.

3 Das so entstandene Horn auf einen Zahnstocher stecken und wie das Horn der Einhorntorte auf S. 118 ff. mit goldenem Puder anmalen.

4 Mit zwei Rosenblattausstechern (Ø 3 und 4 cm) je zwei Blätter ausstechen, jeweils das kleinere mit etwas Fondantkleber auf das größere kleben und das kleine dann wie das Horn zuvor gold anmalen.

5 Das fertige Ohr an der Unterseite vorsichtig zusammenfalten und anschließend vollständig trocknen lassen.

6 12 Muffins nach dem Rezept auf S. 32/33 backen und mit einer Rosentülle oder einer Sterntülle (mindestens Ø 12 mm) ein Buttercremetopping kreisförmig aufspritzen.

7 Das Horn mittig in den Cupcake stecken.

8 Die Ohren etwas vor dem Horn seitlich versetzt in das Topping stecken. Mit etwas Streudeko zusätzlich dekorieren.

9 Auf diese Art und Weise alle 12 Cupcakes dekorieren.

Einhorntorte

Ein Einhorn ist der Traum eines jeden kleinen und großen Mädchens ... da man aber vermutlich sehr viel Glück haben muss, um wirklich einmal einem echten Einhorn zu begegnen, backen wir uns einfach selbst eines.

Benötigte Materialien:

1 Torte, ⌀ 15 cm, 15 cm Höhe
Cakeboard ⌀ 20 cm
750 g Fondant weiß
150 g Modelliermarzipan
1 TL essbares Goldpuder

Etwas weißer Alkohol (Wodka, Rum)
Rosenblatt-Ausstecher (⌀ 5 und ⌀ 6 cm)
Verschiedene Spritztüllen
4 Dressiersäcke

1. *Eine Styroporunterlage vorbereiten und einen Holzspieß hineinstecken.*

2. *150 g Modelliermarzipan zu einer Kugel formen und so ausrollen, dass eine Seite spitz zuläuft.*

3. *Den Marzipanstrang von unten, beginnend mit der dicken Seite des Stranges, vorsichtig um den Spieß wickeln, sodass ein spitz zulaufendes Horn entsteht.*

4. *1 TL Goldpuder mit so viel Alkohol vermischen, dass eine leicht flüssige Paste entsteht. Mit dieser Paste das Horn vollständig anmalen.*

5. *Das Horn am besten über Nacht trocknen lassen.*

6. *Eine Torte mit ⌀ 15 cm mit Fondant überziehen, mit dem restlichen Fondant ein 20-cm-Cakeboard eindecken. Die Torte auf das Cakeboard stellen.*

7. *Mit einem Rosenblatt-Ausstecher je zwei Blätter ausstechen, also zweimal 5 cm, zweimal 6 cm. Das kleinere Blatt jeweils mit etwas Fondantkleber auf das größere kleben und mit der übrigen Goldpaste anmalen.*

8. *Die Ohren an der Unterseite zusammenfalten und trocknen lassen.*

9 500 g Buttercreme nach dem Rezept auf S. 38 ff. zubereiten, in 4 Portionen aufteilen und jede Portion in einem eigenen Rosa- oder Pink-Farbton färben. Die Creme in 4 Dressiersäcke mit unterschiedlichen Tüllen (Rosen- und Sterntüllen in verschiedenen Größen) geben.

10 Als Startpunkt einen Kreis leicht vor der Mitte der Torte aufdressieren und in dessen Mitte das Einhorn mit dem Holzspieß hineinstecken.

11 Mit den verschiedenen Buttercremen und verschiedenen Tüllen nach hinten hin kleine Muster aufdressieren, je nach Belieben. Hier darf umfassend experimentiert werden. Bis zum Rand hin ein Design entwerfen.

12 Mit dem weiteren Muster vom Cakeboard aus starten und wie zuvor möglichst unterschiedliche Muster aufdressieren. Die Buttercreme sollte dabei „gestapelt" werden, sodass die unteren Buttercremedesigns als Stütze dienen. Ansonsten besteht die Gefahr, dass die Buttercreme vom Fondant abrutscht, bevor sie gekühlt wird.

13 Das Muster finalisieren, sodass eine Art Mähne entsteht.

14 Links und rechts vom Einhorn zwei kleine Muster aufdressieren, die als Stütze für die Ohren dienen können.

15 Die Ohren in die Buttercreme stecken und die Torte kurz kühlen, damit die Buttercreme anziehen kann und die Torte stabiler wird.

16 Zwei etwa haselnussgroße Kugeln aus einem schwarz gefärbten Marzipanrest formen. Die Kugeln so ausrollen, dass sie auf einer Seite dünner werden. Der entstandene Strang sollte etwa 4 cm lang sein. Es werden zwei Stränge benötigt. Die Augen mit etwas Fondantkleber an der Torte anbringen und aus einem Rest kleine Wimpern formen und anbringen.

Einhorntorte mit Figur

Einhorntorten sind schon lange kein Trend mehr, sondern sind bereits moderne Klassiker. Warum? Das wird einem sofort klar, wenn man dieses süße kleine Einhorn auf seiner leicht kitschigen Torte sitzen sieht, oder?

Benötigte Materialien:

- Torte ⌀ 15 cm
- Torte ⌀ 20 cm
- Cakeboard ⌀ 25 cm
- 1250 g Fondant
- 100 g Blütenpaste
- Lebensmittelfarbpaste grau
- Lebensmittelfarbpaste schwarz
- Lebensmittelfarbpaste rosa
- Lebensmittelfarbpaste pink
- Lebensmittelfarbpaste lila
- Lebensmittelfarbpaste gelb
- Lebensmittelfarbpaste hellblau
- 1 Cakepop-Stiel
- Wolkenausstecher
- Rosenblattausstecher

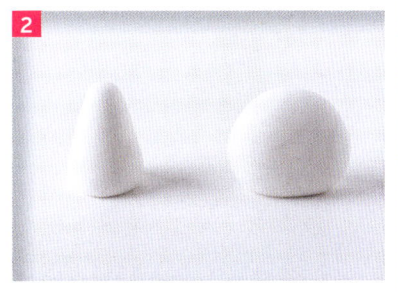

1 Für das Einhorn 150 g Fondant mit 100 g Blütenpaste verkneten. Aus diesem Modellierfondant zwei Kugeln formen, eine aus 40 g eine weitere aus 60 g.

2 Die kleinere Kugel so formen, dass ein sich verjüngender Kegel entsteht. Die größere Kugel ganz leicht flach drücken für die Grundform des Kopfes.

3 40 g des übrigen weißen Modellierfondants grau färben und die Hälfte davon zu einem Strang formen, der an den Enden schmaler wird und genauso breit ist wie der Kopf. Den Strang dann mit etwas Fondantkleber an die Unterseite des Kopfes kleben und mit der Hand so nachmodellieren, dass ein gleichmäßiger Übergang von Grau zu Weiß entsteht. Zuletzt 4 Löcher für Augen und Nase mit einem spitzen Werkzeug prägen.

4 Aus dem restlichen grauen Modellierfondant vier kleine Kugeln formen. Aus 30 g des weißen Fondants vier spitz zulaufende Kegel für die Beine formen.

5 Beine und Hufe nun verbinden, in die Hufe jeweils an der Vorderseite eine kleine Kerbe modellieren und die Beine dann, wie auf dem Bild zu sehen, an den Körper ankleben. Einen Cakepop-Stiel von oben durch den Körper stecken und so kürzen, dass 3 cm Überstand bleiben.

6 Den Cakepop-Stiel sehr dünn mit Fondantkleber einstreichen und den Kopf des Einhorns vorsichtig draufschieben.

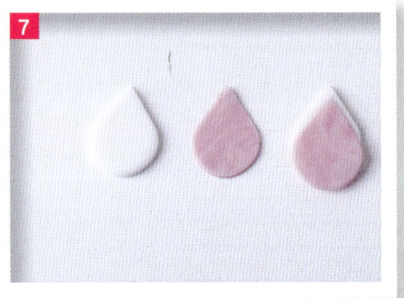

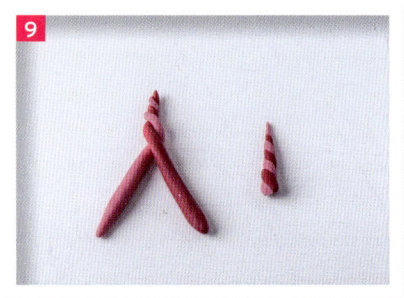

7 Etwas weißen Fondant dünn ausrollen und mit einem kleinen Rosenblattausstecher zwei Blätter ausstechen. Eine kleine Menge Fondant rosa färben und daraus – wie zuvor – zwei diesmal rosafarbene Blätter ausstechen. Diese nun, leicht nach unten verschoben, auf die weißen Blätter kleben und die Unterseite gerade abschneiden.

8 Den Rest des Modellierfondants in fünf Teile teilen und in Regenbogenfarben einfärben (z. B. rosa, lila, gelb usw.). Aus den einzelnen Farben dünn zulaufende Stränge formen.

9 Von zwei der Farben je ein kleines Stück anschneiden, sehr dünn und spitz formen und miteinander so eindrehen, dass ein Horn (siehe Bild) entsteht. Dieses auf die gewünschte Länge kürzen und ein wenig trocknen lassen, damit es später seine Form behält.

10 Das Horn und die Ohren vorsichtig an den Kopf kleben. Eine sehr kleine Menge Fondant schwarz färben und zu Kugeln formen. Diese in die Augenhöhlen kleben.

11 Aus den zuvor hergestellten bunten Strängen einzelne Haare abschneiden und spitz zulaufend Formen. Diese vorsichtig mit sehr wenig Kleber am Kopf anbringen. Aus dem Rest einen Schweif formen und hinten an den Körper anbringen.

12 Einen Kuchen mit Ø 20 cm (ca. 12 cm Höhe) mit 600 g hellblauem Fondant eindecken, einen flacheren (Ø 15 cm, ca. 5 cm Höhe) mit 400 g rosafarbenem Fondant eindecken und die beiden Torten aufeinanderstapeln.

13 Aus etwa 100 g Fondant ca. 15 weiße Wolken mit einem Wolkenausstecher herstellen. Diese werden rund um die blaue Torte ungeordnet angeklebt.

14 An der Oberseite der Torte weitere Wolken anbringen, um eine Art Wolkenbett für das Einhorn herzustellen. Damit die Wolken besser ineinanderpassen, einfach mit einem Ausstecher die gewünschte Form von einer ganzen Wolke abstechen.

15 Zuletzt ein Emblem ausschneiden und mit dem Naht-Tool rundherum eine Naht andeuten. Auf dem Emblem können alle gewünschten Schriftzüge, Zahlen usw. angebracht werden. Nun noch die Abschlüsse der Torte mit einem rosafarbenen Satinband kaschieren.

Feste und Feiern

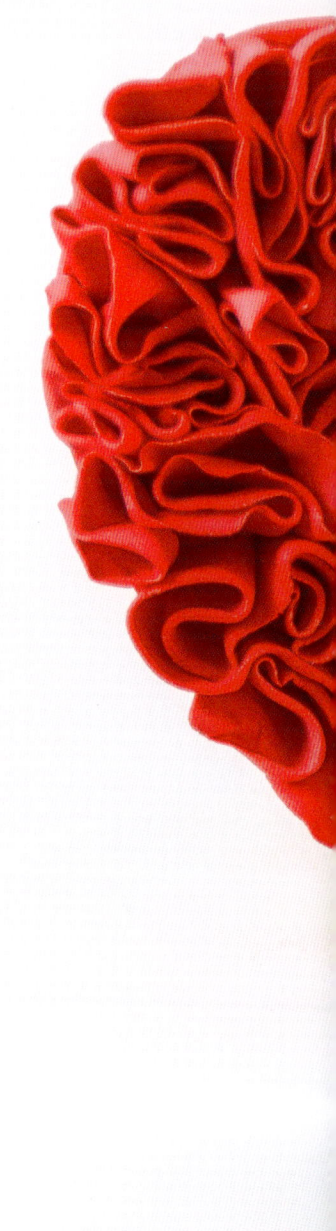

Hochzeitstorte Gold 128

Hochzeitstorte Watercolor 132

Valentinstag 136

Ostertorte 138

Muttertagstorte 142

Vatertag 148

Schmetterling 152

Hochzeitstorte Gold

Eine Torte für den schönsten Tag im Leben eines verliebten Paares ... und weil es bei einer Hochzeit auch einmal ein wenig kitschig zugehen darf, verpacken wir einfach eine ganze Torte in schimmerndes Gold! Die Gäste werden mal richtig staunen!

Benötigte Materialien:

- 1 runde Torte (Ø 20 cm)
- 1 runde Torte (Ø 15 cm)
- 800 g Fondant
- 200 g Blütenpaste
- 1 Lolli-Stiel
- Lebensmittelfarbpaste hellgrün
- Lebensmittelfarbpaste rosa
- Lebensmittelfarbpaste pink
- 1 Pck. Blattgold (8 x 8 cm, 20 Blatt)

1 Eine runde Torte mit Ø 20 cm und etwa 15 cm Höhe mit Fondant eindecken und ihn 1 bis 2 Stunden antrocknen lassen.

2 Das Blattgold, etwas weißen Alkohol (Wodka, Rum etc.) und zwei etwas breitere Haarpinsel vorbereiten. Ein Pinsel wird für das Einstreichen der Torte mit dem Alkohol benötigt, der zweite zum Aufnehmen und Übertragen des Blattgoldes.

3 Die Torte mit dem Alkohol einpinseln. Das Blattgold vorsichtig mit dem trockenen Pinsel aufnehmen und an der Torte vorsichtig anlegen. Das Blattgold kann entweder leicht gespannt und damit sehr glatt aufgebracht werden oder mit dem Pinsel etwas „unsauberer" für eine unruhigere Oberfläche. Der Glanz bleibt in beiden Fällen unverändert schön.

4 Den ganzen Kuchen mit Blattgold eindecken. Dabei immer nur mit dem Pinsel tupfen und so wenig wie möglich streichen, damit das Gold nicht reißt. Sollten dennoch Risse entstehen, einfach nochmal Alkohol draufpinseln und mit kleineren Stücken des Goldes die leeren Stellen abdecken.

5 Eine zweite Torte mit Ø 15 cm und 7 bis 10 cm Höhe mit weißem Fondant eindecken.

6 Eine große Rose laut Anleitung auf S. 142 ff. herstellen, diese jedoch nicht farblich abstufen, sondern ihr durchgängig einen pinken Farbton geben. Die fertige Rose gut trocknen lassen und anschließend 10 Sekunden über einen Topf mit kochendem Wasser halten, um sie zu bedampfen. Die Oberfläche wird dadurch glänzend. Die Rose nochmals 1 Stunde trocknen lassen.

7 Etwas Blütenpaste grün färben, dünn ausrollen und mit einem großen Blattausstecher drei Blätter ausstechen. Die Blätter an den Rändern mit den Fingern flach drücken und die Blätter trocknen lassen.

8 Die goldene Torte auf einen Tortenteller stellen und wie auf S. 78 ff. beschrieben für das Stapeln von Torten vorbereiten. Dann den weißen Kuchen direkt daraufstellen.

9 Die Rose leicht schräg zwischen den zwei Torten platzieren und die drei Blätter mit etwas Fondantkleber um die Blume herum an den Kuchen kleben.

Anmerkung: Blattgold ist lebensmittelecht und somit essbar. Es ist im Tortenfachhandel ebenso wie bei einem Juwelier erhältlich und auch preislich im Rahmen. Der Effekt von echtem Blattgold ist wunderschön.

Eine Hochzeitstorte zu backen, ist die Königsliga! Keine andere Torte ist so unvergesslich und so etwas Besonderes. Keine Torte ist so aufwändig zu backen und vorzubereiten, und keine Torte bereitet am Ende dem Bäcker ebenso wie dem Brautpaar so eine Freude.

Benötigte Materialien:

1 runde Torte (Ø 15 cm, Höhe 12–15 cm)
1 runde Torte (Ø 20 cm, Höhe 12–15 cm)
1 runde Torte (Ø 25 cm, Höhe 12–15 cm)
2000 g Fondant
350 g Blütenpaste
1 Floristendraht – Stärke 18 Gauge (1 mm stark)
Lebensmittelfarbpaste hellblau
Lebensmittelfarbpaste pink

Lebensmittelfarbpaste rosa
Lebensmittelfarbpaste violett
Lebensmittelfarbpaste grün
Goldpuder essbar
Alkohol weiß (Wodka, Rum etc.)
2 Margeritenausstecher (mittel, groß)
Rosenblattausstecher (verschiedene Größen)
1 Holzstäbchen

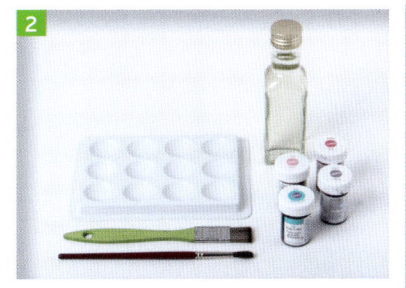

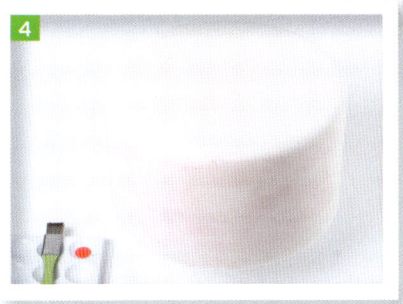

1 Eine runde Torte (Ø 25 cm, Höhe 12–15cm) mit 1000 g weißem Fondant eindecken.

2 Für den Wasserfarbeneffekt folgende Materialien vorbereiten: Lebensmittelfarbpaste hellblau, pink, rosa und violett. Einen breiten Haarpinsel. Ein Behältnis zum Mischen und etwas weißen Alkohol. Kein Wasser verwenden. Der Alkohol trocknet auf, das Wasser löst den Fondant auf.

3 Einen Tropfen rosa Lebensmittelfarbe mit so viel Alkohol mischen, dass eine blasse Farbe daraus wird. Das Verhältnis kann jederzeit verdünnt oder verstärkt werden.

4 Den ganzen Fondant mit horizontalen Pinselstrichen ungleichmäßig einstreichen. Die Pinselstriche dürfen und sollen sichtbar und etwas grob ausfallen für einen schönen Effekt.

5 Etwas mehr Rosa zur Mischung geben und an einige Stellen zusätzliche Pinselstriche platzieren.

6 Mit Pink und Lila zwei zusätzliche Farblösungen herstellen und unregelmäßig auf der Torte Pinselstriche malen.

 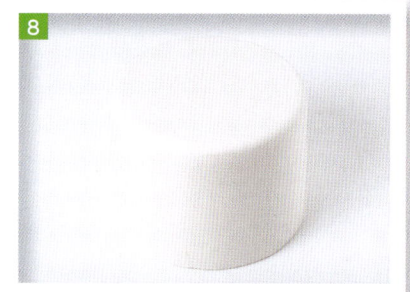 

7 Zuletzt mit einer hellblauen sehr dünnen Farblösung einige Akzente setzen und auf den noch feuchten Kuchen mit etwas essbarem Goldpuder ein paar Highlights setzen. Dazu einfach das Goldpuder aufpinseln. Die Torte dann trocknen lassen.

8 Eine weitere runde Torte (Ø 20 cm, Höhe 12–15 cm) mit 600 g weißem Fondant eindecken und etwas trocknen lassen.

9 Etwas pinke Lebensmittelfarbe mit ein paar Tropfen Alkohol vermengen und ein wenig Glanzpulver dazugeben. Anschließend mit einem dünnen Pinsel einen zur Hochzeit passenden Spruch oder verschiedene Worte direkt auf die Torte schreiben. Dabei kann es sehr hilfreich sein, mit einer Schablone aus Papier dafür zu sorgen, dass man gerade bleibt.

10 150g Blütenpaste pink färben, ein haselnussgroßes Stück zu einer Kugel formen, diese auf einen Holzspieß stecken und einige Stunden trocknen lassen.

11 Die restliche Blütenpaste sehr dünn ausrollen und mit einem mittelgroßen Margeritenausstecher eine Blüte ausstechen.

12 Mit dem Dresden-Tool jedes Blütenblatt in der Mitte einkerben und etwas in die Länge ziehen.

13 Die Mitte der Blüte mit Fondantkleber dünn einstreichen und die Blüten von hinten über den Holzspieß auf die Kugel schieben.

14 Die Blütenblätter so auf die Kugel drücken, dass jedes zweite Blütenblatt etwas über dem ersten liegt.

15 Mit einem größeren Margeritenausstecher die Arbeitsschritte 11 bis 14 wiederholen.

16 Zur übrigen Blütenpaste weitere 50 g weiße Blütenpaste dazukneten und ausrollen. Mit einem kleinen Rosenblattausstecher 12 kleine Blätter ausstechen und diese an der runden Seite so einrollen, dass sich das Blatt zum spitzen Ende hin leicht öffnet.

17 Das Blütenblatt mit Fondantkleber an die zuvor hergestellte Knospe kleben. Das untere Ende leicht flach drücken.

18 Weitere Blütenblätter herstellen und rund um die Knospe kleben. Dabei darauf achten, dass die Spitze der Blüte etwa auf Höhe der Knospe selbst ist.

19 Die ganze Blüte fertigstellen und einige Stunden trocknen lassen, bevor die zweite Reihe angebracht wird.

20 Weitere 50 g weiße Blütenpaste zum Rest der pinken Paste kneten und weitere Blütenblätter herstellen.

21 Die neuen Blütenblätter jeweils in die Lücken der vorherigen Reihe, also leicht versetzt, ankleben. Insgesamt können so lange Reihen angebracht werden, bis die Blüte die gewünschte Größe hat.

22 50 g Blütenpaste grün färben und daraus drei Blätter ausschneiden, die vom Größenverhältnis zur Größe der Blüte passen. In diesem Fall ca. 5 cm lang.

23 Über die gesamte Länge des Blattes eine Kerbe modellieren. Das Blatt dann ein wenig falten und so trocknen lassen.

24 400 g Fondant zartrosa färben und eine runde Torte (Ø 15 cm, Höhe 12–15 cm) damit eindecken. Die drei vorbereiteten Ebenen nun dübeln und laut Anleitung zum Stapeln von Torten auf S. 78 ff. aufeinanderstellen. Die Blüte mithilfe des Holzspießes in die Torte stecken und die grünen Blätter hinter der Blüte mit etwas Fondantkleber an die Torte kleben.

Anmerkung: *Für diese Torte ist es unabdingbar, sich exakt an die Anleitung für das Stapeln mehrstöckiger Torten auf S. 78 zu halten. Beim Transport die oberste Ebene erst vor Ort auf die Torte stellen, um Schäden zu vermeiden.*

Valentinstag

Selbst wenn man seine Partnerin das ganze Jahr auf Händen trägt, gibt es einen Tag im Jahr, da sollte man noch einen draufsetzen ... Valentinstag! Und weil Blumen lange nicht so einen Wert haben wie etwas Selbstgemachtes, wäre diese Torte doch einfach ideal, oder?

Benötigte Materialien:

1 runde Torte (Ø 15 cm, Höhe 10 cm)
1 Cakeboard (Ø 20 cm)
500 g Fondant
150 g Blütenpaste
Lebensmittelfarbpaste rot
Holzspieß
Satinband (für Torte und Cakeboard)

   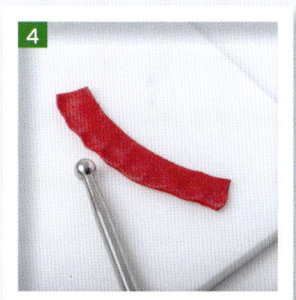

1 Eine runde Torte (Ø 15 cm) für den Fondantüberzug vorbereiten (S. 66/67) und mit weißem Fondant überziehen (S. 72/73).

2 150 g Blütenpaste kräftig rot färben, 2 mm dick ausrollen und mit einem scharfen Messer ein Herz ausschneiden, das ca. 10 cm breit und hoch ist. Hierfür ist es am einfachsten, zuerst eine Schablone aus Papier als Vorlage herzustellen.

3 Einen Holzspieß vorsichtig unten in die Spitze des Herzens stecken. Das Herz liegen lassen und mindestens 8 Stunden trocknen lassen. Erst weiterarbeiten, wenn dieses vollständig durchgetrocknet ist.

4 Die restliche Blütenpaste nochmals durchkneten, sehr dünn ausrollen (weniger als 1 mm) und in 5 mm breite Streifen schneiden. Diese mit Frischhaltefolie abdecken. Dann immer einen Streifen mit dem Ball-Tool an einer Seite ausdünnen, wie auf dem Bild zu sehen ist.

5 Den ausgedünnten Streifen ungleichmäßig einwickeln. Dabei mehrmals die Richtung ändern. Hierbei gibt es kein Richtig oder Falsch, einfach nach Gefühl arbeiten. Die entstandenen Rüschen mit etwas Fondantkleber anbringen.

6 Die restlichen Streifen der Reihe nach ausdünnen und, von der Mitte ausgehend, nach außen formen und ankleben. Sind alle Streifen verbraucht, sollte das Herz wie ein reines Rüschenherz aussehen. Dieses Herz trocknen lassen.

7 Die Torte auf ein Cakeboard stellen und den unteren Rand ebenso wie das Cakeboard mit einem Satinband nach Wunsch abdecken.

8 Das getrocknete Herz mithilfe des Holzspießes mittig, aber minimal nach hinten versetzt in die Torte stecken. Die Torte lässt sich sehr schön mit Rosenblättern schmücken und servieren.

Ostertorte

Der Osterhase bringt den Kindern Ostereier. Aber woher bekommt der Osterhase all die Eier für unsere Kinder? Na, aus seinem Bau, versteckt in einem extra süßen Baumstamm. Was sich darin wohl noch alles befindet?

Benötigte Materialien:

1 runde Torte (⌀ 15 cm, Höhe 15 cm)
1 Cakeboard (⌀ 20 cm)
ca. 1400 g Fondant
ca. 100 g Blütenpaste
Lebensmittelfarbpaste braun
Lebensmittelfarbpaste hellgrün
Lebensmittelfarbpaste dunkelgrün
Lebensmittelfarbpaste lila
Lebensmittelfarbpaste gelb
Lebensmittelfarbpaste rot
Lebensmittelfarbpaste grau/schwarz
Ausstecher für kleine Blüten
1 Ausstecher für Gänseblümchen (⌀ 4 cm)
Satinband grün

1 Eine runde Torte backen und laut S. 66/67 für den Fondantüberzug vorbereiten. 150 g Fondant hellbraun färben, rund ausrollen und auf die Oberseite der Torte legen. Überstehende Ränder abschneiden und mit einem Slice-Tool Rillen, wie auf dem Bild zu sehen, in den Fondant modellieren.

2 200 g Fondant in drei Teile teilen. Jedes Teil in einem anderen Grünton färben und alles nur grob verkneten, sodass die einzelnen Farben noch sichtbar bleiben.

3 Den grün marmorierten Fondant ausrollen. Das Cakeboard mit ein paar Tropfen Wasser anfeuchten und anschließend mit dem Fondant überziehen. Die überstehenden Ränder abschneiden und den restlichen Fondant für spätere Arbeitsschritte verpacken.

4 Mit einer sauberen, trockenen Küchenbürste Abdrücke in den Fondant des Cakeboards drücken, sodass ein unregelmäßiges Muster entsteht, ähnlich Gras oder Moos.

5 Den Kuchen wieder zur Hand nehmen und 800 g Fondant braun färben. Die Farbe darf dabei unregelmäßig bleiben und muss nicht vollständig eingeknetet sein. Portionsweise etwa 3 mm dicke Rechtecke ausrollen, die hoch genug sind, um die gesamte Höhe des Kuchens abzudecken. Den Fondant einfach an den Kuchen drücken. An der Nahtstelle zwischen Oberseite und Seite des Kuchens ein wenig Fondantkleber aufpinseln, um dem Kuchen mehr Stabilität zu geben. Für die Rinde nun mit dem Slice-Tool unterschiedlich tiefe, wellenförmige Rillen in den Fondant modellieren. Auf diese Art zwei Drittel des Kuchens umrunden.

6 Den Kuchen vorsichtig auf das Cakeboard stellen. Überstehenden Fondant dabei mit dem Slice-Tool so an das Gras drücken, dass die Form einer Wurzel entsteht. Für das gesamte Modellieren der Rinde gilt: Einfach drauf los, hier kann eigentlich nichts schiefgehen.

 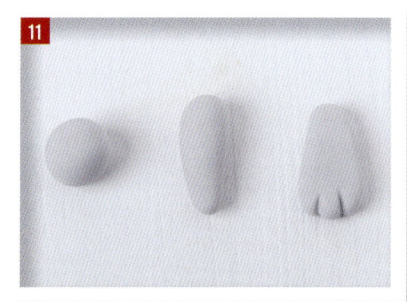 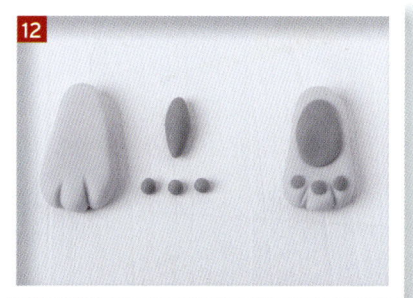

7 Aus etwas Fondant zwei zulaufende Stränge und ein kleines Dreieck formen.

8 Das Dreieck dient als Rückwand des Eingangs in den Baumstamm, die zwei Stränge als Abdeckung oberhalb. Diese können bereits an den Kuchen angedrückt werden und werden später mithilfe des Slice-Tools in Form gebracht.

9 Ein letztes Rechteck aus Fondant formen und dieses so platzieren, dass der zuvor hergestellte Eingang zum Baumstamm umschlossen wird. Anschließend durch leichten Druck mit den Fingern und dem Slice-Tool den Übergang zwischen Eingang und Rinde verbinden und der Vorderseite des Kuchens wie zuvor eine Holzoptik verleihen.

10 50 g Blütenpaste und 50 g Fondant verkneten und hellgrau färben. 50 g davon entnehmen, eine Kugel formen und ganz leicht zuspitzen. Diese dient als Körper des Osterhasen.

11 Eine Kugel (Ø 2 cm) formen und länglich ausrollen. Dabei sollte eine Seite etwas dicker bleiben als die andere. Die Rolle dann etwas flachdrücken und mit dem Slice-Tool am dicken Ende zwei Vertiefungen modellieren, damit eine Pfote entsteht. Für die zweite Pfote ebenso verfahren.

12 Ein haselnussgroßes Stück des grauen Fondants für später beiseitelegen und verpacken, den Rest nun dunkelgrau färben, indem etwas Schwarz untergeknetet wird. Drei 2 mm messende Kugeln formen sowie einen 1 cm langen, an den Enden zulaufenden Strang. Die Kugeln an die einzelnen Pfoten und den Strang längs in die Mitte legen, flachdrücken und mit dem Finger verstreichen, damit möglichst viel von der Unterseite bedeckt wird. Diesen Vorgang für die zweite Pfote wiederholen.

13 Aus dem zuvor beiseitegelegten haselnussgroßen Stück grauem Fondant eine Kugel formen, zuspitzen und mit dem Slice-Tool längliche Rillen hineindrücken. So entsteht der Schwanz.

14 Den Osterhasen zusammensetzen, indem der Schwanz und die Pfoten mit etwas Zuckerkleber angebracht werden.

15 Etwas Fondantkleber auf die Unterseite des Hasen streichen und diesen in die Öffnung im Baumstamm platzieren. Falls nötig, die Öffnung mit der Hand oder einem Ball-Tool etwas weiten, nachformen oder verengen.

16 50 g Fondant grün färben und ausrollen. Mit einem großen Gänseblümchen-Ausstecher Blüten ausstechen. In jeden Ausläufer mit dem Slice-Tool längs eine Vertiefung drücken. Anschließend die Blätter so falten, dass die Vertiefungen in den Ausläufern außen sind. So entstehen Grasbüschel. Diesen Vorgang einige Male wiederholen.

17 20 g Fondant lila färben sowie 10 g gelb. Den lilafarbenen Fondant ausrollen und mit einem kleinen Blütenausstecher einige Blüten herstellen. Mit etwas Fondantkleber in die Mitte der Blüte eine kleine Kugel aus dem gelben Fondant kleben. Für die Unterseite der Blume eines der zuvor hergestellten Grasbüschel nicht nur falten, sondern alle Ausläufer nach oben klappen.

18 20 g Blütenpaste lila färben und ausrollen. Einen Schmetterling ausstechen, in der Mitte falten und trocknen lassen. Aus der übrigen Blütenpaste einen sich verjüngenden Strang als Körper des Schmetterlings formen und mit Fondantkleber fixieren. Den Schmetterling min. 8 Stunden trocknen lassen.

19 Je 20 g Fondant gelb, rot und lila färben und daraus kleine, etwa haselnussgroße Ostereier herstellen. Diese zusammen mit einem zuvor hergestellten Grasbüschel rund um den Baumstamm anbringen und mit Fondantkleber fixieren.

20 Den getrockneten Schmetterling an der Kante des Baumstammes ankleben. Für weitere Details können die Kanten der Flügel mit einer Lebensmittelpuderfarbe und einem trockenen Pinsel abgetupft werden.

21 Nun die zuvor hergestellten Blumen auf der Torte an verschiedenen Stellen platzieren und mit Fondantkleber fixieren. Es können auch weitere Blumen hergestellt werden. Hierfür eignen sich die Fondantreste der Ostereier.

22 Rund um den Eingang zum Baumstamm können nun eventuelle Unebenheiten oder Löcher mit Grasbüscheln kaschiert werden.

23 Weitere Blumen überall dort platzieren, wo sehr viel freie Fläche am Cakeboard bleibt. Das macht die Torte interessanter und lebendiger.

24 Für besonders liebevolle Details und kleine Eyecatcher können kleine Ribbon-Rosen rund um die Torte platziert werden.

Muttertagstorte

Einmal im Jahr ist es an der Zeit, dass sich eine Mama zurücklehnt und alle Arbeit abgibt, um sich rundum verwöhnen zu lassen … die Rede ist vom Muttertag. Und weil es nichts Besseres als einen selbst gemachten Kuchen gibt, Blumen aber auch nicht fehlen dürfen, kombinieren wir in dieser wunderschönen Torte einfach beides.

Benötigte Materialien:

1 quadratische Torte (Ø 15 cm)
1 quadratisches Cakeboard (Ø 20 cm)
1400 g Fondant (800 g + 600 g)
200 g Blütenpaste
6-8 Lolli-Stiele
6 Holzspieße
Lebensmittelfarbpaste hellgrün
Lebensmittelfarbpaste dunkelgrün
Lebensmittelfarbpaste rosa
Lebensmittelfarbpaste pink
Lebensmittelfarbpaste hellbraun
Lebensmittelfarbpaste Elfenbein/Ivory
Lebensmittelfarbpaste dunkelbraun
Ausstecher Blatt
Satinband rosa (80 cm)
1 Packung Schokoladenkekse

1 800 g Fondant in 3 Teile teilen und jeden Teil in einem anderen Braunton färben. 1 dunkelbraun, 1 hellbraun, 1 elfenbeinfarben.

2 Die einzelnen braunen Fondantkugeln zu mehreren etwa 15 cm langen Strängen formen und diese zu einem Bündel zusammenlegen.

3 Das entstandene Fondantbündel leicht eindrehen, dann einen dicken Strang rollen. Den Strang in der Mitte quer durchschneiden. Aus den beiden Strängen wie zuvor ein Bündel formen, dieses wieder zu einem Strang rollen, wieder mittig quer durchschneiden usw. So lange, bis ein marmoriertes Muster entstanden ist.

4 Die Hälfte des braun marmorierten Fondants beiseitelegen und in Frischhaltefolie verpacken. Die andere so ausrollen, dass damit das 20 cm große quadratische Cakeboard abgedeckt werden kann. Das Cakeboard mit ein paar Tropfen Wasser anfeuchten und den Fondant darüberlegen. Überstehenden Fondant an den Ecken abschneiden.

5 Mit einer Holzstrukturrolle dem Fondant einen Holzlook geben und mit einem Slice-Tool gleichmäßige Vertiefungen längs der Holzstruktur in den Fondant drücken. So entsteht der Eindruck eines Holzbrettes.

6 Leicht versetzt, quer zu den zuvor geformten Rillen zusätzliche Vertiefungen in den Fondant drücken. In den jeweiligen Ecken mit dem Straw-Tool runde Vertiefungen in den Fondant drücken, um eingeschlagene Nägel zu imitieren.

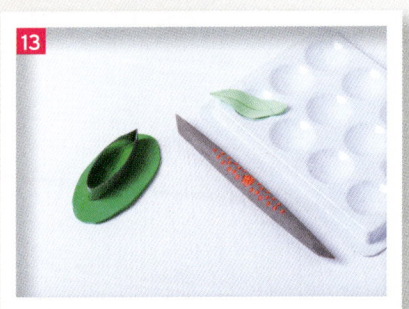

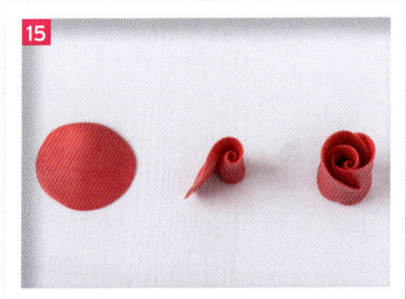

7 600 g Fondant dunkelbraun färben. Einen quadratischen Kuchen mit 15 cm Seitenlänge backen, laut Anleitung auf S. 68/69 einstreichen und laut S. 74/75 mit dem braunen Fondant überziehen.

8 Den übrigen braun marmorierten Fondant ausrollen und daraus 4 Rechtecke schneiden, die so breit wie die jeweiligen Seiten des Kuchens sind, jedoch etwas höher, sodass der Eindruck einer Kiste entsteht. Die Rechtecke, wie schon zuvor beim Cakeboard, mit einer Holzstruktur versehen und mit etwas Fondantkleber an den braunen Fondant anhaften.

9 Wie schon beim Cakeboard auch den Seiten mit dem Slice-Tool und dem Straw-Tool die Optik von Holzbrettern geben.

10 Die Torte so auf das Cakeboard stellen, dass sie in ein Eck versetzt leicht hinten steht. So bleibt später etwas Platz für Dekoration weiter vorne.

11 Eine Handvoll Schokoladenkekse nach Wahl zerbröseln. Diese imitieren später die „Blumenerde".

12 Die Schokoladenkeksbrösel auf der Oberseite der Torte anhäufen. Ein kleiner Teil davon kann auch an der Seite platziert werden.

13 50 g Blütenpaste hellgrün färben und mit einem länglichen Blattausstecher mehrere Blätter ausstechen und mit dem Slice-Tool mittig eine längliche Vertiefung modellieren. Die Blätter so trocknen lassen, dass sie ungleichmäßig geformt werden.

14 150 g Fondant pink färben. Eine haselnussgroße Kugel formen, flachdrücken und mit dem Finger an drei Seiten abflachen. Diesen Vorgang dreimal wiederholen, um drei Rosenblütenblätter entstehen zu lassen. Die restliche Blütenpaste für weitere Blüten vorübergehend verpacken.

15 Das erste Blatt, wie auf dem Bild zu sehen, zu zwei Drittel einrollen. Ein weiteres Blatt da ansetzen, wo das erste noch offensteht und wieder zu zwei Drittel einrollen. Ein letztes Blatt ansetzen und nun eine geschlossene Knospe formen.

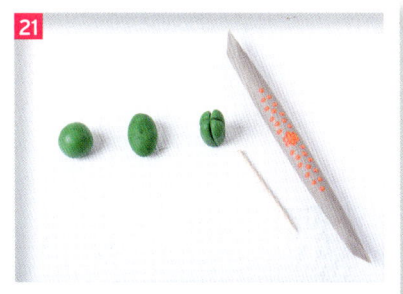

16 100 g Blütenpaste rosa färben und wie zuvor Blütenblätter herstellen. Die Kugel, die als Basis dient, sollte minimal größer sein als zuvor. Die Blütenblätter leicht versetzt außen an die Knospe drücken, wie auf dem Bild zu sehen.

17 Die äußersten Blätter leicht nach außen neigen, um der Rose einen natürlichen Look zu verleihen.

18 Die Rose vorsichtig umdrehen, damit sie nicht verformt wird. Die Spitze eines Lolli-Stiels in Zuckerkleber tauchen und vorsichtig in die Unterseite der Rose stecken. Dabei darauf achten, dass das Innenleben der Knospe nicht zerstört wird. Die Rose mindestens 8 Stunden trocknen lassen.

19 Auf die zuvor beschriebene Weise so viele Rosen herstellen, wie benötigt werden, um ein schönes Bukett stecken zu können. Diese sollten unterschiedliche Größen haben. Große Rosen entstehen durch mehr Rosenblätter. Das System des Formens bleibt aber dasselbe wie bei kleineren. Zusätzlich kann bei den Farben variiert werden, heller oder dunkler, pastellfarben oder poppig.

20 20 g Blütenpaste braun färben, ausrollen und zu einem Rechteck mit etwa 5 cm Seitenlänge zuschneiden. Einige kleine Ecken herausschneiden für einen Vintage-Look. Dann mit einem Buchstabenprägeset einen Schriftzug wie am Bild oder mit dem Namen der Mutter, „Danke" usw. in das Holzschild prägen. Dieses dann 8 Stunden trocknen lassen.

21 30 g Fondant dunkelgrün färben und daraus 6 kleine Kugeln formen. Die Kugeln leicht länglich formen und mit dem Slice-Tool 4 Vertiefungen modellieren.

22 Die Knospen dann auf je einen Holzspieß stecken und trocknen lassen.

23 Die fertigen Rosen mithilfe der Lolli-Stiele vorsichtig in den Kuchen stecken. Dabei zuerst eine große Rose drapieren, dann die restlichen rundherum. Lücken mit Knospen und Blättern füllen. Zuletzt das Holzschild nach Wunsch platzieren.

148

Vatertag

Ein Papa ist ein Mensch, der all seine Liebe und Fürsorge für jene Menschen aufbringt, die ihm am wichtigsten im Leben sind: seine Familie. Und einmal im Jahr hat er sich dafür auch eine ganz besondere Aufmerksamkeit verdient … eine echte Vatertagstorte!

Benötigte Materialien:

1 runde Torte (⌀ 15 cm, Höhe 15 cm)
1200 g Fondant
Lebensmittelfarbpaste rot
Lebensmittelfarbpaste blau
Lebensmittelfarbpaste grau
1 Mould für Knöpfe

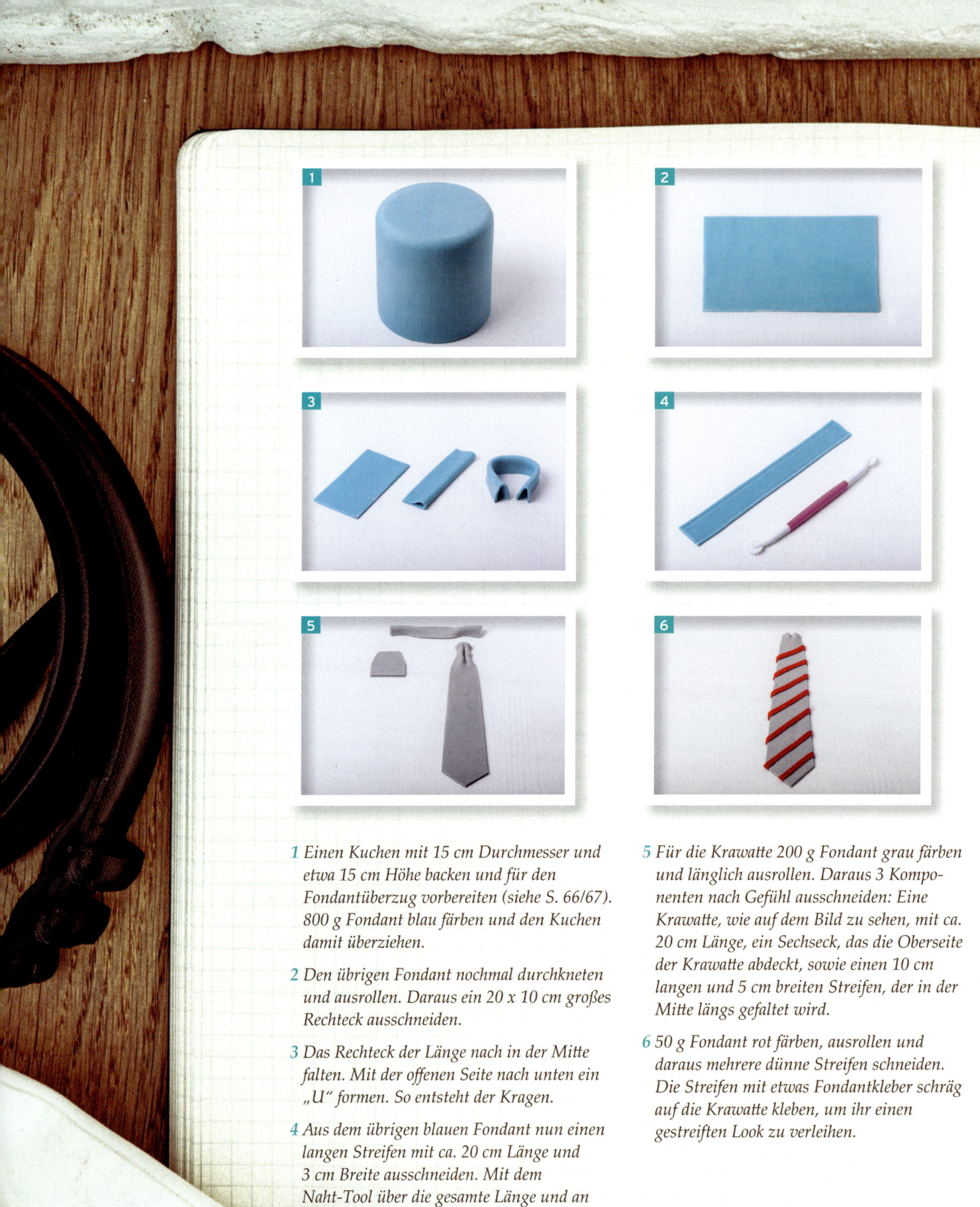

1 Einen Kuchen mit 15 cm Durchmesser und etwa 15 cm Höhe backen und für den Fondantüberzug vorbereiten (siehe S. 66/67). 800 g Fondant blau färben und den Kuchen damit überziehen.

2 Den übrigen Fondant nochmal durchkneten und ausrollen. Daraus ein 20 x 10 cm großes Rechteck ausschneiden.

3 Das Rechteck der Länge nach in der Mitte falten. Mit der offenen Seite nach unten ein „U" formen. So entsteht der Kragen.

4 Aus dem übrigen blauen Fondant nun einen langen Streifen mit ca. 20 cm Länge und 3 cm Breite ausschneiden. Mit dem Naht-Tool über die gesamte Länge und an beiden Rändern eine Naht in den Fondant prägen.

5 Für die Krawatte 200 g Fondant grau färben und länglich ausrollen. Daraus 3 Komponenten nach Gefühl ausschneiden: Eine Krawatte, wie auf dem Bild zu sehen, mit ca. 20 cm Länge, ein Sechseck, das die Oberseite der Krawatte abdeckt, sowie einen 10 cm langen und 5 cm breiten Streifen, der in der Mitte längs gefaltet wird.

6 50 g Fondant rot färben, ausrollen und daraus mehrere dünne Streifen schneiden. Die Streifen mit etwas Fondantkleber schräg auf die Krawatte kleben, um ihr einen gestreiften Look zu verleihen.

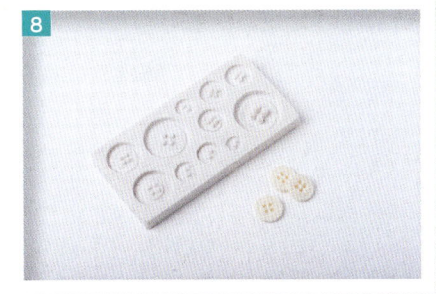

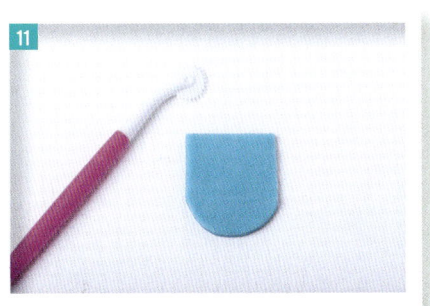

7 Nun den Kragen und den vorderen Falz des Hemdes mit etwas Fondantkleber auf der Torte anbringen.

8 Mit einer Mould fünf Knöpfe aus weißem Fondant herstellen und antrocknen lassen, damit sie sich beim Anbringen nicht mehr verformen.

9 Die zuvor hergestellte Krawatte folgendermaßen anbringen: Die Unterseite der Krawatte mit etwas Fondantkleber ankleben, die Spitze der Krawatte soll dabei ein wenig vom Kuchen abstehen. Am oberen Ende der Krawatte quer den gefalteten Streifen so anbringen, dass die Enden in den Kragen gesteckt werden. Zuletzt das Sechseck auf das obere Ende der Krawatte legen, um die Übergänge zu verdecken und die Optik eines echten Krawattenknotens zu imitieren.

10 Aus einem Rest des roten Fondants ein kleines Herz ausstechen. Aus weißem Fondant ein etwa 3 x 1 cm kleines Rechteck ausschneiden, eine Naht mit dem Naht-Tool einprägen und das Herz aufkleben. Zuletzt mit einem Prägewerkzeug den Schriftzug „Papa" einprägen. So entsteht ein passendes Etikett.

11 Aus dem blauen Fondant ein Rechteck von 6 x 4 cm ausschneiden und die Unterseite abrunden.

12 Zuletzt die Knöpfe mit etwas Fondantkleber ankleben, die Brusttasche anbringen und mit dem Naht-Tool eine Naht einprägen sowie das Etikett fixieren.

Schmetterlinge, rosa, pink und zartblau, Herzen und Blumen ... diese Torte ist der Traum bei jedem Mädchengeburtstag. Zudem zeigt sie, dass Motivtorten nicht immer aufwändig sein müssen, um Kinderherzen höherschlagen zu lassen.

Benötigte Materialien:

Torte (Ø 25 cm)
1300 g Fondant
250 g Modelliermarzipan
Lebensmittelfarbpaste blau
Lebensmittelfarbpaste rosa
Lebensmittelfarbpaste pink
Lebensmittelfarbpaste grün
Lebensmittelfarbpaste schwarz
1 Cakepops-Stiel
1 Spaghetti
Rosenblattausstecher

1 Eine Torte (Ø 25 cm) backen und in zwei gleich große Hälften teilen. Jede einzeln einstreichen und mit je 400 g rosa gefärbtem Fondant überziehen.
Die beiden Hälften mit den runden Seiten zueinander so hinstellen, dass sich die Form von Flügeln ergibt. Mit zwei Blättern Papier nun Schablonen erstellen, die Schmetterlingsflügel darstellen. Eine etwas größer als die andere.

2 200 g Fondant zartblau färben, sehr dünn ausrollen und mithilfe der Schablonen zwei Flügel ausschneiden, die dann auf je eine der Hälften gelegt werden.

3 200 g Fondant etwas kräftiger rosa färben als die Torte selbst. Mithilfe der kleineren Schablone zwei rosa Flügel herstellen und diese auf die blauen legen.

4 100 g Fondant pink färben, ausrollen und mit zwei verschieden großen Rosenblattausstechern je zwei Flügelelemente ausstechen.

5 Die pinken Elemente ebenso auf den kleinen Flügeln anbringen.

6 Aus dem übrigen pinken Fondant zwei Streifen herstellen.

7 Die zwei Streifen am unteren Rand der zwei Tortenhälften ankleben. So erhält die Torte einen sauberen Abschluss.

8 Mit Blüten- und Herzausstechern einige dekorative Elemente herstellen.

9 Die Flügel fertig dekorieren.

10 250 g Modelliermarzipan grün färben. Aus 200 g einen Strang formen, der an einem Ende spitz zuläuft. Mit einem Messer rundherum in gleichmäßigen Abständen Streifen einkerben.

11 Aus 50 g eine Kugel formen und mit einem runden Ausstecher einen Mund einprägen. Die Kugel mit einem Cakepops-Stiel mit dem Körper verbinden.

12 Aus etwas weißem und schwarzem Fondant noch Augen herstellen sowie aus einem kleinen Rest des grünen Marzipans drei kleine Kugeln für die Nase und die Fühler. Aus zwei kleinen Spaghettistücken lassen sich die Stäbe der Fühler machen. Diese können mit grüner Lebensmittelfarbe angemalt werden.

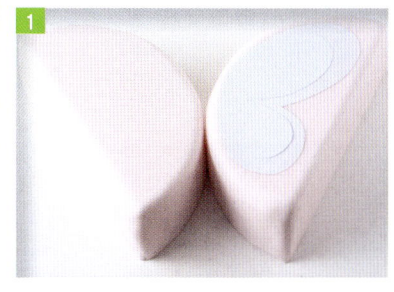  
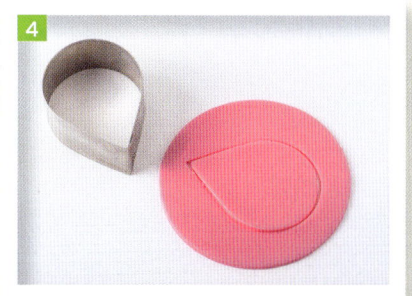  

Freude schenken

Baby Shower	158
Geschenkpaket	162
Neujahrsschweinchen	166
Reisekoffer	170
Stricktorte	174
Geburtstagsrakete	178

Baby Shower

Das Schönste, das einem Menschen im Leben passieren kann,
ist der Moment, in dem man sein eigenes Kind in Händen hält.
Als Außenstehender teilt man diese Freude natürlich auch, und
wie könnte man dieses Glück besser zum Ausdruck bringen
als mit etwas Selbstgemachtem? Eine Baby-Torte vielleicht?

Benötigte Materialien:

1 runde Torte (Ø 15 cm)
500 g Fondant
200 g Blütenpaste
Lebensmittelfarbpaste blau
Lebensmittelfarbpaste rot
Lebensmittelfarbpaste orange
Lebensmittelfarbpaste grün
Lebensmittelfarbpaste grau
Weißer Alkohol (Wodka, Rum etc.)
1 kleiner Sternausstecher
Wolkenausstecher
Buchstabenausstecher
1 Rosenblattausstecher (3–4 cm)
Lebensmittelfarbstift

Baby Shower

  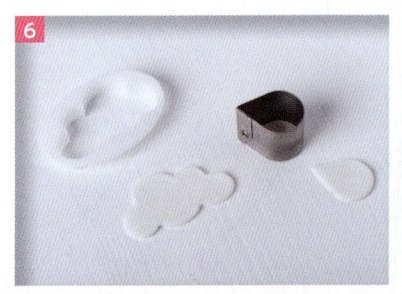

1 Eine Torte (Ø 15 cm) mit weißem Fondant eindecken.

2 100 g Fondant grün färben, einen Streifen ausschneiden und diesen oben zackig zuschneiden, um „Gras" herzustellen.

3 Den übrigen Fondant mit 50 g Blütenpaste verkneten, 5 mm dick ausrollen und daraus einen 10 cm langen Streifen Gras herstellen. Das Gras ein wenig biegen, damit es später von alleine stehen kann. Dann etwas antrocknen lassen.

4 Das Gras um die Torte herum sowie an der Oberseite mit etwas Fondantkleber fixieren.

5 50 g Blütenpaste ausrollen und daraus mit Buchstabenausstechern das Wort „Baby" herstellen. Weiters ein Herz ausstechen oder ausschneiden.

6 Eine Wolke ausstechen und mit einem Rosenblattausstecher ein ebensolches herstellen. Es wird später für das Ohr des Elefanten benötigt.

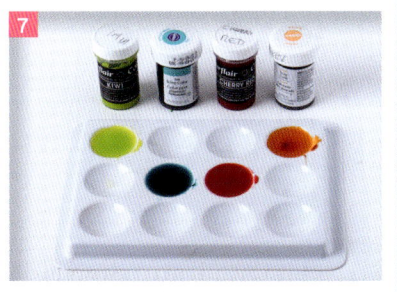

7 Die Farben Grün, Blau, Rot und Orange jeweils einzeln in etwas Alkohol auflösen.

8 Mit einem Pinsel das Herz nach Belieben anmalen. Ein leichter Verlauf von hell nach dunkel wirkt sehr schön, muss aber nicht sein. Wichtig ist, dass man nicht zu nass malt. Den Pinsel deshalb gut abstreifen.

9 Die Buchstaben, die Wolke und das Herz anmalen und trocknen lassen.

10 Währenddessen 100 g Blütenpaste grau färben, ausrollen und anhand der Schablone auf S. 251 einen Elefanten ausschneiden und trocknen lassen. Unsaubere Ränder gleich mit den Fingern glätten, bevor die Paste antrocknet.

11 Den trockenen Elefanten mit dem Ohr und kleinen Details wie Augen, einem kleinen Schwanz usw. dekorieren. Für die Beine lassen sich sehr gut mit einem Wolkenausstecher und etwas weißem Fondant „Zehen" ausstechen.

12 Zuletzt alle Elemente (Wolke, Herz, Elefant und Buchstaben), wie auf dem Bild zu sehen, zusammensetzen und mit Fondantkleber fixieren. Mit einem Lebensmittelfarbstift noch eine gestrichelte Linie vom Rüssel zum Herz malen.

Geschenkpaket

Oft ist es gar nicht so leicht, für einen Freund oder jemanden aus der Familie ein passendes Geschenk zu finden. Mit drei einfachen Punkten wird es nun aber viiiiel leichter: Süßes passt immer, etwas Selbstgemachtes kommt von Herzen, und ein Geschenk ist ein Geschenk. Und all das lässt sich erstaunlich einfach in eine Motivtorte packen.

Benötigte Materialien:

1 quadratische Torte (Seitenlänge 20 cm)
800 g Fondant
300 g Blütenpaste
Lebensmittelfarbe Paste grün

1 Eine quadratische Torte mit weißem Fondant eindecken und die Ecke mit zwei Fondantglättern scharf ausarbeiten.

2 Den übrigen Fondant ausrollen und daraus ein Dreieck schneiden, das dieselbe Seitenlänge wie die Torte selbst hat. Das sind 20 cm plus die Dicke des Fondants.

3 Das Dreieck dünn mit Fondantkleber einstreichen und an die obere Kante der Torte kleben. Den Übergang zwischen dem Dreieck und des Fondants der Torte selbst mit einem Finger vorsichtig so verstreichen, dass die Naht kaum noch sichtbar ist.

4 Ein zweites gleich großes Dreieck herstellen und dieses von unten nach oben an die Torte kleben. Die untere Kante mit einem Slice-Tool etwas unter die Torte schieben, um den Übergang zu verbergen.

5 Die Blütenpaste hellgrün färben, ausrollen und in so viele ca. 2 cm breite Streifen wie möglich schneiden. Den ersten Streifen quer über die Torte legen und mit etwas Fondantkleber fixieren. Entlang des gesamten Streifens mit dem Naht-Tool zwei Nähte einprägen.

6 Einen zweiten Streifen auf 10 cm Länge zuschneiden, wieder eine Naht einprägen und die Enden zur Mitte hin zusammenlegen.

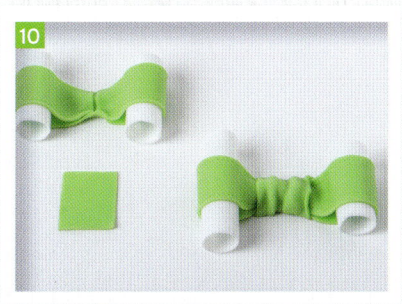  

7 Zwei runde Stäbchen mit ca. Ø 2 cm durch die Schleifen schieben, damit diese die Form behalten.

8 Die Mitte, dort, wo die Enden des Fondant-Streifens zusammenkommen, mit der Hand die Schleife so zusammendrücken, dass sie Falten schlägt.

9 Einen weiteren Streifen grüner Blütenpaste zur Hand nehmen, ein Ende davon wie ein Fähnchen zuschneiden und mit einer Naht versehen. Den Streifen anschließend um einen runden Stab mit Ø 2 cm wickeln. So lange trocknen lassen, bis er ein wenig die Form behält. Diesen Vorgang ein zweites Mal wiederholen.

10 Die inzwischen angetrocknete Schleife zur Hand nehmen und ein kleines Rechteck zuschneiden, das einmal um die zuvor zusammengeschobene Mitte der Schleife gewickelt werden kann. Dabei soll auch dieses Rechteck Falten schlagen, um dem Ganzen eine natürliche Optik zu verleihen.

11 Zwei weitere Streifen Fondant zur Hand nehmen und nach Gefühl, von der Mitte des Paketes aus, nach außen platzieren. Nun auch die zuvor eingedrehten Bänder so platzieren, dass die Schleife noch Platz hat.

12 Zuletzt die Schleife platzieren und mit einem Tropfen Fondantkleber fixieren.

Neujahrs-schweinchen

Ein neues Jahr ist immer ein Grund zum Feiern.
Manchmal, weil man ein tolles Jahr hinter sich hat,
ein anderes Mal, weil ein noch besseres vor einem liegt.
Aber wie dem auch sei ... Glück kann nie schaden.
Und dafür steht nichts mehr als ein im wahrsten
Sinne des Wortes „süßes" Schweinchen.

Benötigte Materialien:

1 kugelförmiger Kuchen (Ø 15 cm)
1 Cakeboard quadratisch (20 cm)
550 g Fondant
50 g Blütenpaste
Lebensmittelfarbpaste grün
Lebensmittelfarbpaste rosa
1 Blütenausstecher

1 100 g Fondant grün färben und damit das quadratische Cakeboard überziehen.

2 Mit einem Slice-Tool sehr viele längliche Vertiefungen in den grünen Fondant prägen, um dem „Gras" Struktur zu geben.

3 Einen kugelförmigen Kuchen backen. Dazu einfach die im Rezeptteil (Kuchen mit Ø 15 cm) angegebene Menge Teig auf zwei Edelstahlschüsseln aufteilen und diese zu zwei Halbkugeln backen. Diese Kugel mit Buttercreme einstreichen und mit 400 g rosa gefärbtem Fondant überziehen.

4 Den Körper des Schweinchens auf das Cakeboard stellen.

5 Den restlichen Fondant 5 mm dick ausrollen, mit einem 5 cm messenden Kreisausstecher Kreise herstellen und mit dem Ball-Tool zwei Nasenlöcher hineindrücken. Den übrigen Fondant für später einpacken.

6 50 g weißen Fondant ausrollen, 2 Kreise herstellen und das untere Viertel mit demselben Ausstecher abnehmen. Den Rest des Fondants schwarz färben und daraus zwei kleine Kreise für die Augen ausstechen.

7 Die Nase und die Augen mit etwas Fondantkleber an den Körper kleben. Die Nase sollte dabei schön mittig platziert werden.

8 Den Rest des rosafarbenen Fondants ausrollen und daraus zwei Dreiecke mit 5 cm Seitenlänge ausschneiden und je eine Ecke etwas nach innen klappen.

9 Zwei kleine Kugeln aus dem rosa Fondant rollen. Die hintere Seite schräg abschneiden, damit die Kugeln besser unter die Rundung des Kuchens passen. Die vordere Seite einkerben und etwas flachdrücken.

10 Die Füße vor der Kugel fixieren und die Ohren mit etwas Fondantkleber fixieren. Diese lassen sich sehr gut mit zwei Holzstäbchen stabilisieren. Sie halten aber auch ohne.

11 Die Blütenpaste grün färben, dünn ausrollen und mit einem Blütenausstecher ausstechen. Mit einem scharfen Messer 4 Blätter herausschneiden und diesen mit dem Slice-Tool Struktur geben.

12 Die vier einzelnen Blätter mit etwas Fondantkleber zu einem Kleeblatt zusammenkleben und trocknen lassen. Das fertige Blatt seitlich am Schweinchen anlehnen und etwas fixieren.

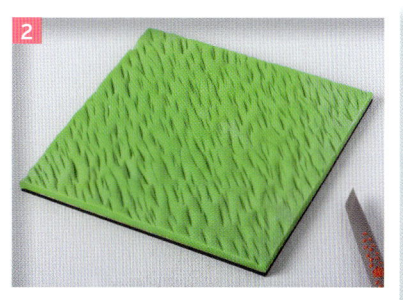

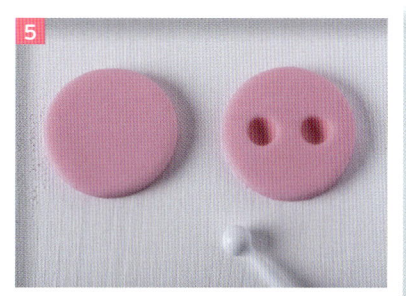
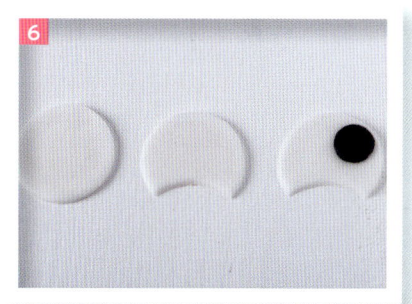

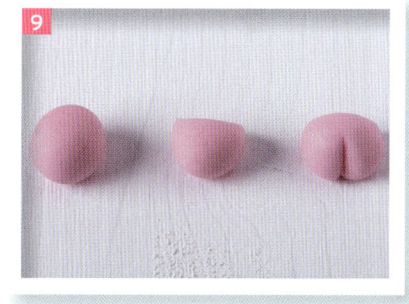

*Normalerweise würde man in seinen Koffer
Sachen zum Anziehen geben und alles,
was man sonst noch so für seinen Urlaub braucht,
aber dieser Koffer ist etwas ganz Besonderes,
denn in ihm schlummert ausreichend Kuchen
um einen ganzen Urlaub zu versüßen.*

Benötigte Materialien:

Torte rechteckig 25 x 20cm
1050 g Modelliermarzipan
600 g Modelliermarzipan
300 g Fondant

Lebensmittelfarbpaste braun
Lebensmittelfarbpaste grau
Lebensmittelfarbpaste Silber

1 Eine rechteckige Torte mit 25 x 20 cm für den Fondantüberzug vorbereiten und dabei die Ecken großzügig abrunden. 1000 g Modelliermarzipan braun färben und die Torte damit überziehen. Das Marzipan ist gröber als Fondant, was für etwas mehr Struktur an der Oberfläche sorgt.

2 Rund um den gesamten Koffer mit einem langen Lineal eine tiefe Furche drücken, die diesen optisch in zwei Hälften teilt. Entlang der Vertiefung oberhalb und unterhalb mit dem Quilting-Tool eine Naht prägen.

3 An der Oberseite rund um den Koffer zwei parallele Nähte prägen.

4 50 g Marzipan schwarz färben und mit einem quadratischen Ausstecher zuerst zwei Vierecke mit 4 cm Seitenlänge ausstechen und mit einem etwa 1 cm kleineren Ausstecher das Innere ausstechen.

5 300 g Fondant dunkelbraun färben und daraus zwei 3 cm breite Streifen ausschneiden. Die Streifen parallel an den Koffer kleben und so abtrennen, dass etwa zwei Drittel der Oberseite abgedeckt sind. Entlang der Streifen an den Rändern mit dem Quilting-Tool Nähte andeuten.

6 Die beiden zuvor hergestellten Vierecke auf die Lederriemen legen.

7 Zwei weitere Streifen mit 3 cm Breite herstellen, Nähte modellieren und mit dem Straw-Tool vier Löcher in der Mitte ausstanzen. Die Enden abschrägen.

8 Aus dem Rest des Fondants zwei etwa 2 cm dicke Stränge rollen und diese zu Griffen formen, die Enden dann schräg abtrennen.

9 Aus dem schwarzen Marzipanrest vier Trapeze zuschneiden, die exakt die Enden der Griffe abdecken. Nun zuerst den ersten Griff ankleben, dann je ein Trapez über den Ansatz. Etwas silberne Farbe mit ein paar Tropfen weißem Alkohol verdünnen und damit die Trapeze anmalen.

10 Den zweiten Griff ankleben und wie schon den ersten finalisieren. Falls der Griff anfangs nachgibt, lässt er sich meist sehr gut mit einem Fondantglätter stabilisieren, bis der Kleber haftet.

11 Den zuvor hergestellten Streifen nun so an den Koffer anbringen, dass dieser wie ein echter Riemen durch die beiden schwarzen Quadrate gefädelt wird. Die Streifen dann mit Kleber fixieren und die beiden Vierecke silbern anmalen.

Stricktorte

Stricken ist Entspannung pur ... aber das ist Torten dekorieren auch. Also warum nicht einfach beides miteinander kombinieren und ein Stricktörtchen kreieren, das nicht nur umwerfend aussieht, sondern gleich noch ebenso schmeckt?

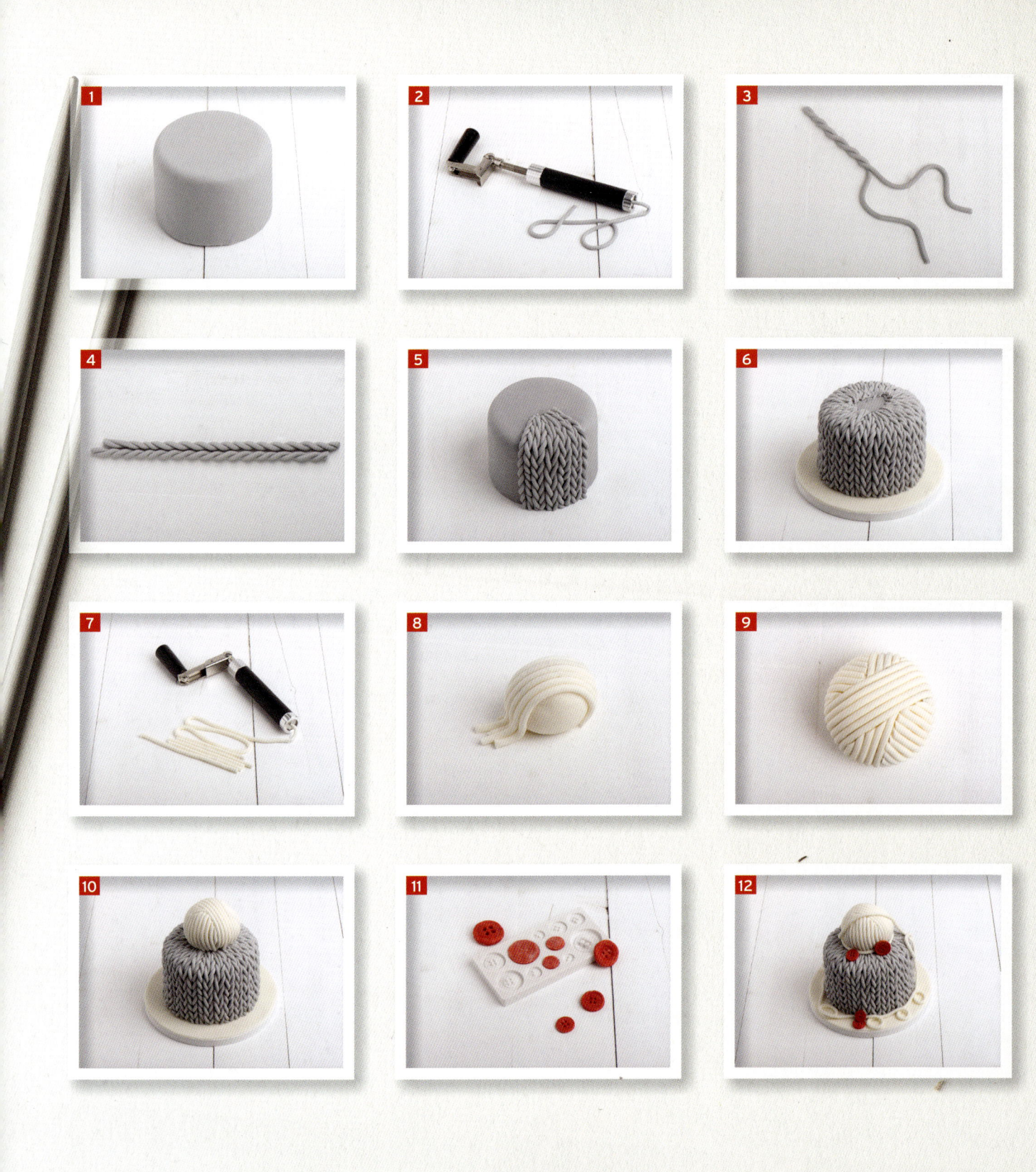

Benötigte Materialien:

1 rundes Törtchen (Ø 10 cm)
450 g Fondant
200 g Blütenpaste weiß
Lebensmittelfarbpaste grau
Lebensmittelfarbpaste cremefarben
1 Cakeboard (Ø 15 cm)
Sugar Gun (siehe Kapitel Werkzeuge)
Silikon-Mould für Knöpfe

1. 250 g Fondant grau färben und damit ein Törtchen (Ø 10 cm) überziehen.

2. 100 g Fondant mit 100 g Blütenpaste verkneten und grau färben. Die so entstandene Masse in eine Sugar Gun füllen und damit etwa 2 mm dicke Stränge pressen.

3. Je einen grauen Fondantstrang in der Mitte zusammenlegen und, wie auf dem Bild zu sehen, so gleichmäßig wie möglich eindrehen.

4. Für eine möglichst reale „Strickoptik" müssen die nebeneinanderliegenden Stränge jeweils in die entgegengesetzte Richtung gedreht werden. Dann können sie, ineinander verlaufend, nebeneinander gelegt werden.

5. Die zuvor geformten grauen Stränge mit etwas Zuckerkleber auf das mit Fondant überzogene Törtchen kleben. Das Muster durch sanften Druck an der Oberseite zur Mitte hin schmäler auslaufen lassen, damit dieses später genug Platz hat.

6. Das Strickmuster mit den Fondantsträngen um das ganze Törtchen herum formen und aufkleben. Dabei muss die Oberseite zur Mitte hin keinen perfekten Abschluss haben, da diese später noch mit einem Wollknäuel abgedeckt wird.

7. Für das Wollknäuel ca. 100 g Fondant mit 100 g Blütenpaste verkneten und mit etwas cremefarbener Lebensmittelfarbpaste vermengen. Daraus mit der Sugar Gun erneut Fäden pressen und diese reihenweise nebeneinander auflegen.

8. Aus etwas Fondant einen Ball (Ø 4–5 cm) formen und für 10 Minuten antrocknen lassen. Den übrigen cremefarbenen Fondant luftdicht verpacken.

Die zuvor gepressten Stränge mit etwas Zuckerkleber mittig quer über den Ball ankleben. Die überstehenden Enden andrücken und abschneiden.
Anmerkung: Der Ball muss nicht rundherum gleichmäßig bedeckt sein, da die Unterseite später nicht sichtbar ist.

9. Aus dem übrigen Fondant weitere Fäden mit der Sugar Gun pressen und mit diesen, wie auf dem Bild zu sehen, nebeneinander liegend die freien Flächen füllen. Enden gegebenenfalls abschneiden.

10. Die Sugar Gun ein letztes Mal mit cremefarbenem Fondant füllen und für später beiseitelegen. Mit dem Rest des Fondants ein Cakeboard (Ø 11 cm) überziehen und das Törtchen mittig draufstellen.
Das cremefarbene „Wollknäuel" mit etwas Zuckerkleber in der Mitte auf das Törtchen kleben.

11. Etwas Blütenpaste rot färben und in eine mit Bäckerstärke gut ausgepuderte Silikonform für Knöpfe pressen. Die Form mit dem Fondant für 5 Minuten in den Tiefkühler geben, damit dieser stabiler wird, dann herausholen und die Knöpfe aus der Form nehmen. Die übrige Bäckerstärke mit einem Pinsel abwischen und die Knöpfe etwas trocknen lassen.

12. Aus der zuvor gefüllten Sugar Gun einen langen Faden pressen und damit alle unschönen Übergänge zwischen Wollknäuel, Cakeboard und Törtchen abdecken. Dabei einige Schleifen ziehen, um der Torte etwas mehr „Leben zu verleihen". Zuletzt die roten Knöpfe dekorativ platzieren und mit etwas Zuckerkleber ankleben.

Geburtstagsrakete

Bagger, Autos und Traktoren ... der Traum eines jeden kleinen Jungen. Doch was wir wirklich wollen, ist, im Leben richtig durchzustarten ... und wie könnte das besser gelingen als mit einer echten Geburtstagsrakete als Starthilfe?

Benötigte Materialien:

1 runde Torte (⌀ 15 cm)
1 quadratisches Cakeboard (Seitenlänge 20 cm)
800 g Fondant
300 g Blütenpaste
1 Floristendraht – Stärke 18 Gauge (1 mm stark)
Lebensmittelfarbpaste hellblau

Lebensmittelfarbpaste rot
Lebensmittelfarbpaste gelb
Lebensmittelfarbpaste grau
1 kleiner Sternausstecher
3 Margeritenausstecher (klein, mittel, groß)

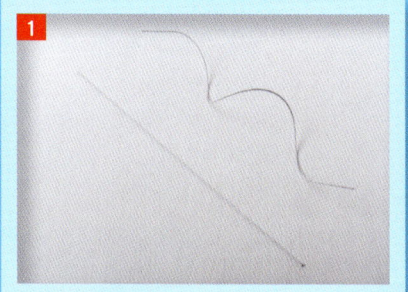

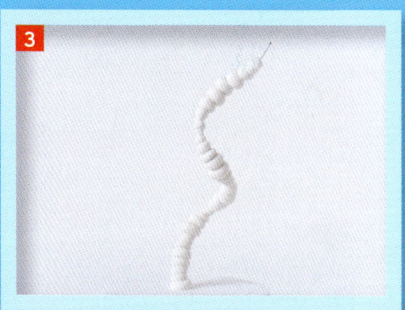

1 Einen starken Floristendraht zu einer Spirale formen, indem man ihn um einen Ausrollstab biegt.

2 200 g Fondant mit 100 g Blütenpaste verkneten und daraus Kugeln in verschiedenen Größen zwischen 2 bis 3 mm und 15 mm formen. Es werden ausreichend Kugeln für etwa Dreiviertel des Blütendrahtes benötigt.

3 Die weißen Fondantkugeln von klein nach groß sortiert auf den Blütendraht auffädeln. Dabei zwischen jede Kugel einen Tropfen Fondantkleber geben, um der Konstruktion nach dem Trocknen mehr Stabilität zu verleihen. Am oberen und unteren Ende des Drahtes ausreichend Platz lassen, um den Draht später in die Torte bis hinten ins Cakeboard stecken und oben noch die Rakete platzieren zu können.

4 Eine walnussgroße Kugel aus Blütenpaste grau färben und zu einer Rolle formen, die an einem Ende spitz zuläuft. Das andere Ende sollte sehr flach sein.

5 500 g Fondant blau färben. Daraus drei kleine Kreise als Fenster für die Rakete ausstechen und den Rest für später einpacken. Die Kreise mit etwas Fondantkleber rund um die Rakete ankleben. Zwischen den Fenstern über die ganze Länge der Rakete mit dem Naht-Tool je zwei Linien einprägen.

6 Ca. 50 g Blütenpaste rot färben und ausrollen. Daraus drei Streifen ausschneiden und diese schräg abschneiden. So entstehen Leitflügel für die Rakete. Diese sollten ungefähr halb so lang sein wie die Rakete selbst.

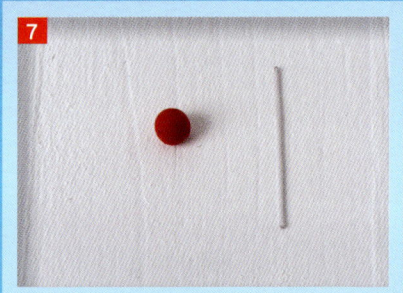  

7 Aus der übrigen Blütenpaste eine Kugel mit Ø 2 mm formen und diese auf ein ca. 2 cm langes Stück Blütendraht stecken. Den Blütendraht vorne in die Rakete stecken.

8 Aus dem Rest der Blütenpaste drei kleine Sterne ausstechen und auf die Fenster kleben. Die übrige rote Blütenpaste mit etwas gelber Farbpaste orange färben, ausrollen und daraus einen dünnen Streifen ausschneiden, der um die ganze Rakete geklebt wird. Die inzwischen getrockneten Flügel mit etwas Fondantkleber an die Rakete anbringen. Dabei in den orangen Ring stecken. Dieser gibt extra Stabilität. Die fertige Rakete über Nacht trocknen lassen.

9 Ein haselnussgroßes Stück Blütenpaste grau färben und daraus einen Kreis ausstechen, der genauso groß ist wie der Durchmesser der Rakete.

10 Mit dem Slice-Tool rund um den Kreis herum kleine Rollen in den Fondant modellieren.

11 Etwas Blütenpaste gelb färben und daraus mit einem großen Margeriten-Ausstecher eine Blume ausstechen. Die einzelnen Blütenblätter ausschneiden.

12 Das einzelne Blütenblatt mit dem Finger abflachen und etwas langziehen. Aus etwas weißem Fondant eine erbsengroße Kugel formen und an einer Seite zuspitzen.

13 Das Blütenblatt mit etwas Fondantkleber einstreichen und mit der breiten Seite nach oben an die Spitze des Kegels kleben.

14 Die restlichen Blütenblätter ausformen und um den Kegel ankleben.

15 Weitere Blüten aus roter und oranger Blütenpaste herstellen. Die orangen Blüten mit einem mittleren Blütenausstecher und die roten mit einem kleinen Ausstecher herstellen.

16 Wie schon zuvor bei den gelben Flammen der Rakete rund um den Kegel nun die orangen ankleben. Die roten Flammen noch mit Frischhaltefolie abdecken, damit sie nicht austrocknen.

17 Den grauen Kreis nun auf die Flammen kleben.

18 Den Kuchen (Ø 15 cm) mit dem zuvor eingefärbten blauen Fondant eindecken und mit dem Rest das Cakeboard überziehen.

19 100 g weißen Fondant ausrollen und daraus mit verschiedenen Ausstechern Wolken herstellen. Diese rund um den unteren Rand des Kuchens mit Fondantkleber anbringen.

20 Einige Wolken rund um die Torte anbringen und den Rand entlang abschneiden.

21 Einige Kugeln aus weißem Fondant rollen und stapeln. Etwas Fondant dünn ausrollen und über die Kugeln legen. Den Fondant in die Rillen streichen und so die Form einer dreidimensionalen Wolke modellieren. Die Wolke mittig auf die Torte kleben und etwas antrocknen lassen.

22 Zuletzt die Rakete zusammensetzen. Dazu den Korpus und das Element mit den Flammen zusammenkleben. Die roten rund um die orangen Flammen anbringen wie schon zuvor.

23 Die fertige Rakete auf den Draht mit den Wolken stecken. Zuletzt das gesamte Element durch die Torte und die Wolke hindurchstecken. Der Draht muss direkt ins Cakeboard gesteckt werden. Zusammen mit der Wolke und dem Cakeboard wird die Konstruktion stabil. Die Rakete und den Draht anfangs noch etwas stabilisieren, bis die Wolke getrocknet ist.

Kunstvoll kreativ

Whirlpool	184
Fuchs im Wald	188
Igeltorte	196
Roboter Charly	200
Lokomotive	208
Monster	212
Der weiße Hai	216

Draußen schneit es, die Kälte zieht durch die Fensterritzen herein, und man wünscht sich nichts anderes als ein warmes, prickelndes Bad. Dieses herrliche Gefühl kann man ab sofort auch essen: in Form dieses wunderschönen, rustikalen Whirlpool-Törtchens!

Benötigte Materialien:

1 Dessertring (⌀ 10 cm)
1 Dessertring (⌀ 12–13 cm)
650 g Modelliermarzipan
150 g Fondant
Lebensmittelfarbpaste hellblau
Lebensmittelfarbpaste dunkelblau
Lebensmittelfarbpaste braun

Lebensmittelfarbpaste hautfarben
Holzstrukturrolle
Etwas weißer Alkohol (z. B. Wodka oder Rum)
Lebensmittelfarbstift schwarz
1 Cakepop-Stiel
1 Cakeboard (⌀ 15 cm)
Graue Lebensmittelfarbpaste

1 Ein Blech Biskuit backen (Rezept siehe S. 20) und mit zwei Dessertringen je zwei Kreise pro Törtchen ausstechen. Die Ringe auf dem Bild sind 10 und 12 cm groß.

2 Die Biskuitkreise so aufeinander stapeln, dass die kleinen Kreise oben und unten sind, die größeren in der Mitte. Das Törtchen wie auf S. 72/73 beschrieben einstreichen. Dabei oben und unten verjüngen lassen, so dass das Törtchen die Form eines Fasses bekommt.

3 Das fertig eingestrichene Törtchen mit 200 g Marzipan überziehen und mit Glättern an der Oberseite eine saubere Kante ausformen. Das fertig überzogene Törtchen gut kühlen.

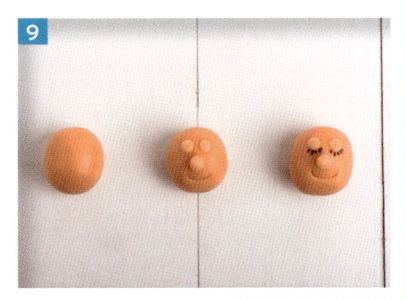

4 50 g Fondant in zwei Hälften teilen, die eine hellblau färben, die andere dunkelblau. Aus dem gesamten Fondant einige Kugeln und diese länglich zu Strängen formen. Diese aufeinanderlegen und zu einem einzelnen Strang ausrollen.

5 Den Strang auf doppelte Länge ausrollen, in der Hälfte durchschneiden. Beide Hälften zusammenlegen und erneut ausrollen. Wieder in der Hälfte durchschneiden und zusammenlegen usw. So lange, bis eine schöne Marmorierung entstanden ist. Den Strang ausrollen und mit dem Dessertring einen Kreis ausstechen, der genau aufs Fass passt.

6 350 g Marzipan braun färben und ausrollen. Mit der Holzstrukturrolle dem Marzipan eine Holzoptik geben. Dann etwa 2–3 cm breite Streifen ausschneiden. Die Streifen sollten sich oben und unten leicht verjüngen, damit sie auf dem sich ebenfalls verjüngenden Fass Platz haben. Die Streifen mit etwas Fondantkleber fixieren. An der Oberseite können nun kleine Kerben aus dem Holz geschnitten werden, um dem Fass einen rustikalen Look zu verleihen.

7 Das Cakeboard mit dem restlichen braunen Marzipan überziehen und ebenfalls mit der Holzstrukturrolle bearbeiten. Mit einem Lineal längs Vertiefungen eindrücken, die dem Cakeboard die Optik von Brettern verleihen. Mit einem Strohhalm oder einem Straw-Tool kleine Kreise als Schrauben einprägen.

8 Das fertige Fass auf das Cakeboard stellen und mit etwas Fondantkleber fixieren. Optional kann etwas braune Lebensmittelfarbe in 1 cl weißem Alkohol aufgelöst und damit der gesamte Kuchen angepinselt werden. Dadurch erhält das Fass einen leichten Glanz und wird tiefbraun.

9 100 g Marzipan hautfarben einfärben. Aus einem Teil davon (ca. 30 g) eine etwa 3 cm große Kugel formen. Für die Augen zwei kleine Kugeln formen und an den entsprechenden Stellen andrücken. Ein etwas größeres Kügelchen für die Nase formen und leicht andrücken. Mit dem Smile-Tool einen Mund in das Marzipan drücken. Zuletzt mit dem Lebensmittelfarbstift schwarze Wimpern aufmalen.

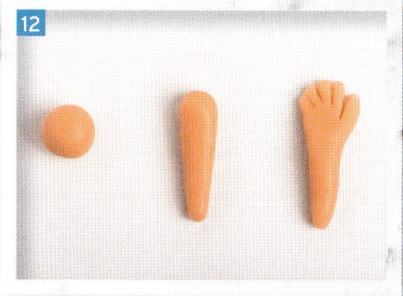

10 Aus dem hautfarbenen Marzipan eine etwa 2–3 cm kleine Kugel (etwas kleiner als der Kopf) formen und diese nach oben mit den Daumen verjüngen. So entstehen Schultern und Hals.

11 30 g Fondant länglich ausrollen und rechteckig zuschneiden (ca. 6 cm x 2 cm). Die Enden mit einem Messer ausfransen. Das so entstandene Handtuch von hinten über den Kopf legen und an der Stirn überlappen lassen. Ein Teil der Stirn soll frei bleiben. Hier können aus etwas braunem Marzipan sehr kleine Kugeln geformt und zwischen den Fingen rollend zugespitzt werden. So entstehen die Haare.

12 Aus dem restlichen hautfarbenen Marzipan zwei Kugeln formen und diese so zu zwei Strängen ausrollen, dass sie an einer Seite etwas dicker als auf der anderen werden. Die dickere Seite etwas flachdrücken und mit einem Messer 4 Schnitte ansetzen um die Fingen auszuformen.

13 Einen Cakepop-Stiel am Rand des Fasses (ca. 3 cm nach innen versetzt) und auf diesen zuerst den zuvor geformten Hals setzen, darauf dann den Kopf. Die Arme mit einem Messer so schräg abschneiden, dass man die Armen auf dem Wasser so platzieren kann, als würden sie natürlich herausragen. Die Finger entsprechend um das Holz biegen, dass sie den Eindruck erwecken, die Dame würde sich entspannt festhalten.

14 50 g Fondant grau färben und mit einer Fondantpresse etwa 5 mm breite Streifen pressen. Diese Streifen seitlich mit etwas Fondantkleber auf das Fass kleben und mit dem Straw-Tool oder einem Strohhalm kleine Kreise als Schrauben wie schon beim Cakeboard prägen.

15 Abschließend noch aus 25 g weißem Fondant kleine Kugeln als Blubberblasen rund um alle Übergänge bei Hals und Armen legen, sowie rund um das Fass ein paar Schneehaufen anbringen.

Fuchs im Wald

Eine Motivtorte muss nicht immer super detailliert sein, um stimmig und liebevoll modelliert zu wirken. So wie diese Torte in bewusst cartoonhafter Optik mit stilisierten Elementen, die einem entzückenden jungen Fuchs ein schönes Zuhause bieten, das zudem ziemlich lecker schmeckt.

Benötigte Materialien:

Torte ⌀ 20 cm

Torte ⌀ 25 cm

Cakeboard ⌀ 30 cm

2200 g Fondant

Lebensmittelfarbpaste hellgrün

Lebensmittelfarbpaste braun

Lebensmittelfarbpaste orange

Lebensmittelfarbpaste schwarz

Lebensmittelfarbpaste rot

1 Cakepop-Stiel

CMC

Blütenausstecher ⌀ 4 cm

Blattausstecher länglich

 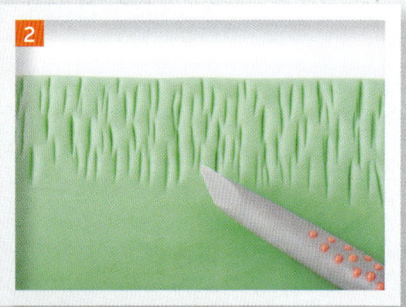 

Design der Torte

1 Zuerst geht es an den Bau einer kunstvollen Behausung für unseren Fuchs. Hierfür werden als Grundlage zwei mit Ganache eingestrichene Kuchen benötigt. Die Durchmesser betragen 25 cm und 20 cm. Die Höhe der einzelnen Ebenen sollte ca. 10 cm sein.

2 250 g Fondant grün färben, damit ein Cakeboard (⌀ 30 cm) überziehen und den Rest luftdicht verpacken. Mit einem Slice-Tool zahlreiche längliche Vertiefungen in den Fondant drücken, um eine stilisierte Gras-Optik entstehen zu lassen.

3 Für die 25 cm große Torte 800 g Fondant dunkelbraun färben und damit die Torte grob eindecken.

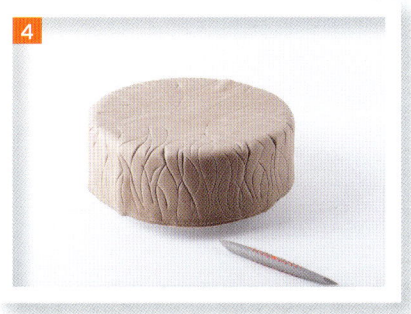

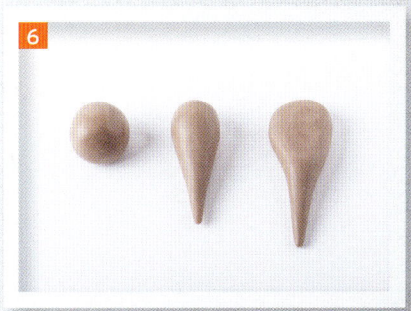

4 Mit einem Slice-Tool, von der Mitte der Torte ausgehend, bis an den unteren Rand wellenförmige Linien in den Fondant ritzen. Diese sollten unterschiedlich tief sein, um eine stilisierte Holzoptik entstehen zu lassen.

5 Die Torte mittig auf das Cakeboard stellen.

6 100 g des braunen Fondants in 4 gleich große Teile teilen und zuerst zu Kugeln formen. Diese Kugeln auf einer Seite länglich und spitz zulaufend formen, dann die noch dickere Seite mit der Handfläche flachdrücken.

7 Dieses Fondantstück, wie auf dem Bild zu sehen, an den unteren Rand der Torte drücken und mit dem Slice-Tool wieder Rillen für die Holzoptik einritzen.

8 Aus 50 g des grünen Fondants einen langen Strang rollen und diesen rund um die Torte am unteren Ende als Abschluss anbringen, um den Übergang der Torte zum Cakeboard zu kaschieren.

9 Mit dem Slice-Tool kleine Rillen in den grünen Fondantstrang drücken, um ihn an die Grasoptik anzugleichen.

10 500 g Fondant sehr hellbraun färben und damit die 20 cm große Torte eindecken. Hierbei ist es wichtig, dass der Fondant an der unteren Kante sehr gleichmäßig und sauber abgeschnitten wird, damit später nicht allzu viel kaschiert werden muss.

11 Die restlichen ca. 200 g Fondant mit 1 TL CMC verkneten, in Frischhaltefolie packen und ca. 30 Minuten ziehen lassen. Danach etwa die Hälfte dünn ausrollen und mit einem Blumenausstecher so viele Blumen ausstechen wie sich ausgehen. 20 Stück sollten reichen.

12 Mit dem Slice-Tool Vertiefungen in die Blätter drücken und diese dann in der Hälfte falten.

13 Die zweite Hälfte des CMC-Fondants ausrollen und mit einem länglichen Blattausstecher 10 bis 12 Blätter ausstechen und der Länge nach in der Mitte eine Vertiefung eindrücken.

14 Die Reste des grünen Fondants dazu verwenden, kleine Kugeln zu formen; diese an einer Seite etwas ausdünnen und auf der dickeren Seite ein kleines Loch hineindrücken. So entstehen stilisierte Knospen.

15 Die kleine auf die größere Torte stapeln. Nun an der Vorderseite zuerst die länglichen Blätter und dann rund um die Torte die unregelmäßigen Blätter anbringen.

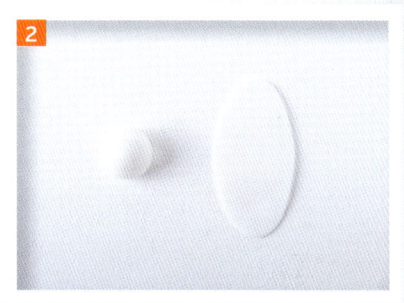

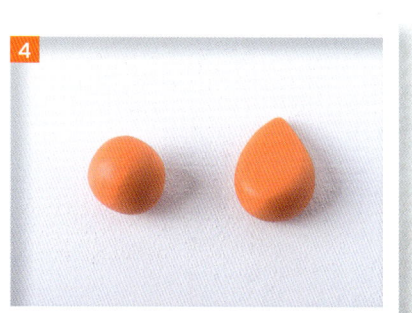

Den Fuchs modellieren

1 Für den Körper des Fuchses 200 g Fondant mit 150 g Blütenpaste gründlich verkneten. 250 g davon in einem kräftigen Orange mit einer Spur Rot färben, sodass ein typisches Fuchsorange entsteht. Aus 100 g des orangen Fondants eine große Kugel formen, diese an einer Seite verjüngen und einen Cakepop-Stiel durchstecken. Dieser sollte 2–3 cm herausstehen, ansonsten etwas kürzen.

2 Den übrigen Fondant in zwei Teile aufteilen. Einen davon weiß lassen, den anderen schwarz färben. Aus der weißen Masse ein erbsengroßes Stück entnehmen, zu einer Kugel formen und länglich hauchdünn ausrollen.

3 Zwei etwa 3 cm große Kugeln aus dem schwarzen Fondant formen und diese zuerst an einer Seite verjüngen und dann mit einem Slice-Tool zwei Kerben in die dicke Seite drücken, um dem Stück die Form einer Pfote zu geben.

4 Zwei 3 cm große Kugeln aus dem orangen Fondant formen, diese an einer Seite verjüngen und die zugespitzte Seite mit der Handfläche etwas flachdrücken.

5 Die Pfoten ebenso wie die Beine nun mit etwas Fondantkleber, wie auf dem Bild zu sehen, an den Körper anbringen. Das zuvor ausgerollte weiße Oval ebenfalls vorsichtig an den Körper anbringen. Diese Konstruktion sollte ca. 1 Stunde Zeit haben, um zu trocknen und stabil zu werden.

6 Eine walnussgroße Kugel des orangen Fondants so formen, dass eine Seite lange spitz zulaufend und die andere Seite kurz zulaufend wird.

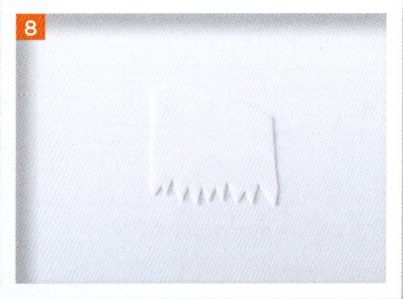
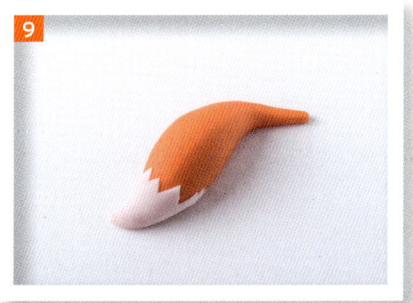

7 Diese Form nun als S auflegen, wie auf dem Bild zu sehen, und kurz antrocknen lassen.

8 Währenddessen ein Stück des weißen Fondants hauchdünn ausrollen und an einer Seite kleine Zacken ausschneiden. Diese dürfen und sollen ungleichmäßig sein.

9 Das weiße Stück Fondant nun mit etwas Fondantkleber einstreichen und um die kurze Spitze des Schwanzes herumwickeln, überstehende Teile einfach abschneiden. Die Spitze etwas nachformen, sodass keine Naht sichtbar bleibt.

10 Aus dem schwarzen Fondant eine 2 cm große Kugel formen und so ausrollen, dass sich die Form verjüngt. An der dickeren Seite wieder zwei Kerben für die Form einer Pfote einritzen. Aus einem Rest des orangen Fondants dann eine dünne Spitze für die andere Seite der Pfote formen und an diese andrücken.

11 Diese Pfote nun mit etwas Fondantkleber an der Vorderseite des Körpers anbringen, wie auf dem Bild zu sehen ist.

12 Mit einem Rosenblattausstecher zwei orange und zwei schwarze Blätter herstellen und je ein oranges, leicht nach unten versetzt, auf ein schwarzes Blatt kleben. Das Blatt dann so abschneiden, dass ein gleichwinkliges Dreieck entsteht.

13 Aus orangem Fondant eine etwa 5 cm große Kugel herstellen, die etwas breiter als hoch ist. Aus dem weißen Fondant eine 2 cm messende Kugel herstellen und so flach drücken, dass sich die Form nach oben etwas verjüngt.

14 Für das Finish die weiße Platte vorne an den Kopf ankleben und vorsichtig oben in der Mitte den weißen Fondant so nach unten schieben, dass eine leichte Herzform entsteht. Den weißen Fondant seitlich so nach außen ziehen, dass eine Art Schnurrhaare entstehen. Diese können mit einem scharfen Messer gespalten werden. Aus einem schwarzen Fondantrest zwei Augen, eine Nasenspitze und Augenbrauen formen und ankleben. Zuletzt einige kleine Fondantstücke als Haare am Kopf anbringen.

15 Zuletzt die Ohren ankleben und mit dem Slice-Tool ein Gesicht, wie auf dem Foto zu sehen, modellieren. Den Kopf vorsichtig auf den Körper stecken. Die fertige Figur dann auf die Torte setzen.

16 Optional kann an die Torte eine Art Namensschild angebracht werden. Dazu 50 g des dunkelbraunen Fondants ausrollen, länglich zuschneiden, einige Ecken ausnehmen und mit dem Slice-Tool, wie schon bei der Torte selbst, eine Holzoptik einritzen. Dann mit einem Lebensmittelfarbstift den gewünschten Spruch oder Namen auf den Fondant schreiben.

Für viele Menschen ist der Herbst die schönste Jahreszeit. Die Blätter färben sich rötlich und gelb, die Sonne steht tief und hüllt die Natur in goldenes Licht, und im Laub tummeln sich die Igel. Was so idyllisch klingt, lässt sich mit wenig Aufwand in eine wunderschöne Motivtorte verwandeln.

Benötigte Materialien:

- Torte (⌀ 23 cm)
- Cakeboard (⌀ 30 cm)
- 1400 g Fondant
- 750 g Marzipan
- Lebensmittelfarbpaste moosgrün (dunkelgrün)
- Lebensmittelfarbpaste schwarz
- Lebensmittelfarbpaste orange
- Lebensmittelfarbpaste braun
- Lebensmittelfarbpaste creme
- Optional: Mould für Rinde
- Optional: Mould für Blätter
- Floristendraht

1 500 g Fondant ungleichmäßig hellbraun färben und die Torte damit eindecken.

2 Das Cakeboard (⌀ 30 cm) mit 250 g dunkelgrünem Fondant überziehen und mit einem sauberen Küchenschwamm Struktur geben.

3 Den Kuchen vorsichtig auf das Cakeboard setzen.

4 500 g Marzipan ungleichmäßig braun färben und mithilfe einer Mould für Rindenlook (verwendet wurde „Karen Davis Bark Mould") Rindenstücke herstellen. Diese so trimmen, dass sie dieselbe Höhe haben wie der Kuchen.

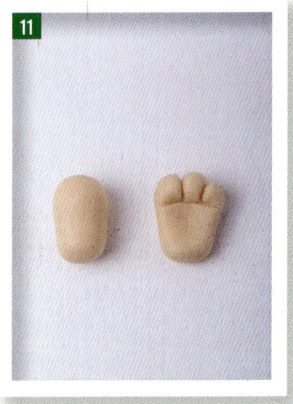
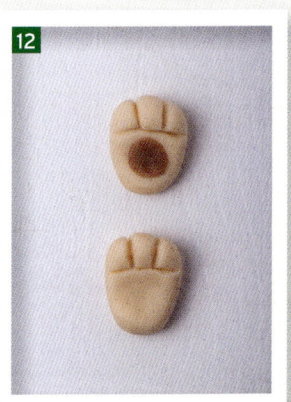

5 Die Rinde rund um den Kuchen mit etwas Fondantkleber anbringen und dabei darauf achten, dass die Rinde sehr unregelmäßig wirkt.

6 Mithilfe eines Slice-Tools Jahresringe und einige etwas tiefere Risse im Holz modellieren.

7 Mit einem trockenen Pinsel und etwas brauner Puderfarbe die Risse im Holz abpudern und so einen natürlicheren Look nachahmen.

8 Ca. 200 g Fondant mit den Farben creme und Braun hell färben und einen gestrichenen Teelöffel CMC unter den Fondant kneten (macht den Fondant später fester). Ca. 20 % des Fondants abnehmen und luftdicht verpacken, aus dem Rest eine Kugel formen.

9 Die Kugel erdnussförmig und für die Nase eine leichte Spitze formen. Zwei Vertiefungen für die Augen und eine für den Mund in den Fondant drücken und mit einem scharfen Messer einen Mund einritzen.

10 200 g Modelliermarzipan braun färben. Kleine Kugeln abnehmen und so formen, dass eine Seite dünn wie ein Stachel wird und die andere Seite etwas dicker bleibt. Diese Stacheln so mit etwas Fondantkleber anbringen, dass sie sich, ähnlich einer Stehfrisur, nach hinten biegen.

11 Die gesamte Rückseite des Igels mit Stacheln bedecken.

12 Drei kleine schwarze Kugeln aus Fondant für die Augen und die Nase formen und anbringen.

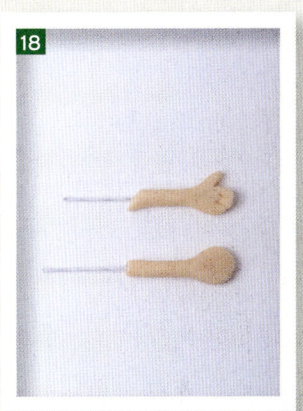

13 Den zuvor beiseitegelegten Fondant in vier gleich große Stücke teilen. Zwei wieder luftdicht verpacken, aus den anderen zwei Kugeln formen. Diese etwas länglich modellieren. Mit einem Messer zwei Zehen und eine Linie quer einschneiden. So entstehen zwei Pfoten für den Igel.

14 Aus einem Rest des braunen Marzipans zwei kleine Kugeln formen und diese in die Mitte der Pfote drücken.

15 100 g Fondant moosgrün färben. Die Hälfte davon unregelmäßig ausrollen. Die Oberfläche mit einem spitzen Gegenstand löchern, damit es den Look von Moos bekommt.

16 100 g Marzipan orange färben und daraus 5–6 Kugeln formen. Mit dem Slice-Tool acht Rillen von der Ober- zur Unterseite formen. Diese mit den Fingern ein wenig nachformen. Oben einen Stengel aus grünem Fondant anbringen.

17 Den Igel auf dem Moos platzieren und mit etwas Fondantkleber fixieren. Die Kürbisse gleichmäßig auf dem gesamten Kuchen und auch dem Cakeboard platzieren.

18 Aus dem übrigen moosgrünen Fondant mithilfe einer Blatt-Mould so viele Blätter formen wie sich ausgehen. Diese Blätter nach Belieben gleichmäßig auf der Torte anbringen.

19 Den übrigen Fondant aus Schritt 13 so formen, dass er länglich wird, aber an einer Seite noch etwas dicker. Daraus entsteht die Hand. Die Vorderseite etwas flachdrücken und mit einem Messer Finger ausschneiden. Den ganzen Arm entlang einen Zahnstocher stecken.

20 Die Arme so an den Igel anbringen, dass er mit offenen Armen dasitzt. Der Igel bekommt nun noch aus zwei kleinen Keilen Augenbrauen, dann ist er fertig.

Roboter Charly

Ich ... bin ... ein ... R-O-B-O-T-E-R ... oder doch eher ein Kuchen?
In diesem Fall beides. Dieser kleine ein wenig verrückte Roboter hat das Zeug
zum Maskottchen und lässt sich nach Belieben platzieren, um z.B. ein Geschenk
zu überreichen oder zu gratulieren. Zudem schmeckt er auch noch lecker.
Das lässt das Herz eines jeden Technikliebhabers höherschlagen.

1 Für den Körper des Roboters drei kleine Torten mit Ø 10, Ø 12 und Ø 20 cm backen und einstreichen. 600 g Fondant grau färben und damit alle drei Torten dünn überziehen. Jede Torte auf ein Cakeboard stellen, damit sie später gestapelt werden können.

2 100 g Fondant grün färben und damit ein Ø 20 cm großes Cakeboard überziehen. Mit einer sauberen Küchenbürste viele kleine Vertiefungen in den Fondant drücken, um eine Grasoptik herzustellen, dann die Ränder sauber abschneiden.

3 Die Torten mit Ø 12 und Ø 10 cm stapeln und auf den Rand des Cakeboards stellen. Mit etwas Fondantkleber zusätzlich fixieren.

4 Aus einem Rest des grauen Fondants zwei dünne, etwa 1 cm breite Streifen ausschneiden und damit die Übergänge zwischen den Torten kaschieren. 200 g Fondant hellbraun färben, daraus einen weiteren Streifen ausschneiden und diesen horizontal an die obere der beiden Torten kleben. Mit dem Straw-Tool kleine Löcher, wie auf dem Bild zu sehen, in den Streifen prägen und mittig eine Vertiefung drücken.

5 Weitere 250 g Fondant grau färben und zwei gestrichene Teelöffel CMC dazukneten. Dies lässt den Fondant an der Luft vollständig aushärten und gibt den Gliedmaßen mehr Stabilität. Nun abmessen, wie lange die Beine und Arme sein müssen. Oberschenkel, Unterschenkel, Ober- und Unterarme. Cakepops-Stiele entsprechend kürzen und rund um diese herum Fondant anbringen und glatt rollen.

6 Die Enden der Stiele sollen etwas länger sein als der Fondant. Dann mit dem Naht-Tool längs Nähte in die Arme und Beine prägen und mit dem Straw-Tool runde Vertiefungen. Die Arme dann antrocknen lassen.

7 Aus dem braunen Fondant zwei Kugeln mit 4 cm Größe formen, diese leicht flachdrücken und längs mit dem Naht-Tool drei Nähte einprägen.

8 Aus dem braunen Fondant eine Kugel (Ø 4 cm) formen und flachdrücken, dann vierteln. Diese Elemente verbinden die Gliedmaßen und geben ihnen Stabilität.

9 Die Beine nun mit den Verbindungsstücken, den Gliedmaßen und den Schuhen, die zuvor hergestellt wurden, zusammenfügen, mit Fondantkleber fixieren und antrocknen lassen. Einmal fest sind diese sehr stabil.

Benötigte Materialien:

Torte ∅ 10 cm auf Cakeboard
Torte ∅ 12 cm auf Cakeboard
Torte ∅ 20 cm auf Cakeboard
1500 g Fondant
CMC
Lebensmittelfarbpaste gelb
Lebensmittelfarbpaste braun

Lebensmittelfarbpaste grau
Essbarer Glitzer Silber
Essbarer Glitzer Gold
Cakepops-Stiele
50 ml weißer Alkohol (Wodka, Rum)
Floristendraht

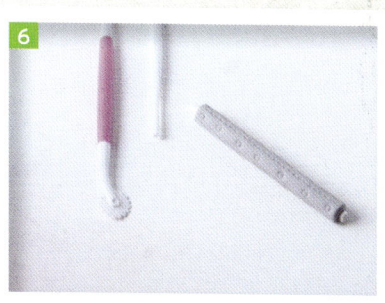

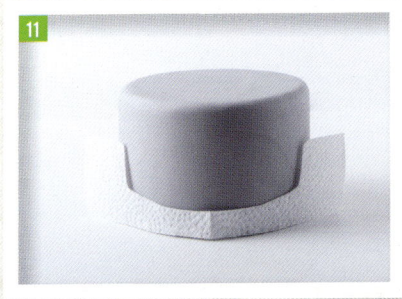

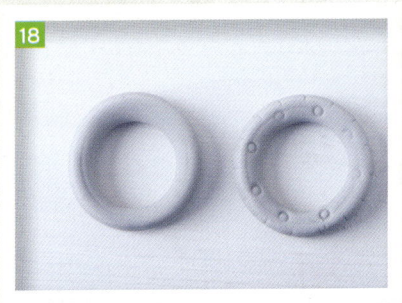

10 Aus dem braunen Fondant einen dünnen großen Kreis (Ø 5–7 cm) ausrollen und vierteln. Je ein Viertel um jedes Gelenk kleben und mit dem Naht-Tool Nähte prägen.

11 Nun starten wir mit dem Kopf. Aus einem Stück Papier eine Schablone für den Unterkiefer nach Gefühl ausschneiden und an den Kuchen (Ø 20 cm) anpassen.

12 100 g des grauen Fondants länglich ca. 0,5 cm dick ausrollen, die Schablone darauflegen und den Unterkiefer ausschneiden. Diesen mit etwas Fondantkleber an den Kuchen kleben.

13 100 g Fondant gelb färben, ausrollen und zwei Kreise ausstechen. Mit einem scharfen Messer außen Vierecke so herausschneiden, dass die Form eines Zahnrades entsteht. Es werden zwei Zahnräder benötigt.

14 Aus den beiden Zahnrädern mit einem etwas kleineren Ausstecher einen Kreis ausstechen. Für eines der Zahnräder einen weiteren Kreis aus weißem Fondant ausstechen und diesen in das Zahnrad legen.

15 Einen Floristendraht so eindrehen, dass er sich zum Ende hin verjüngt. An seine Spitze eine Kugel aus einem Rest des gelben Fondants stecken und trocknen lassen.

16 Eines der Zahnräder in die Mitte des Kopfes kleben und den Draht hineinstecken. So entsteht die Antenne des Roboters.

17 Ein Rechteck aus dem Rest des braunen Fondants schneiden und dieses ins Gesicht des Roboters kleben.

18 50 g des grauen Fondants 1 cm dick ausrollen und zuerst einen Kreis für die Augen ausstechen, dann mit einem etwas kleineren Kreis das Innere ausstechen. Mit dem Straw-Tool kleine runde Vertiefungen prägen. Wie auf dem Bild zu sehen, außen herum mit einem Messer Einkerbungen rund um den Ring drücken.

19 Zwei Vierecke mit ca. 2 cm Seitenlänge aus gelbem Fondant ausstechen und mit etwas Gold einpinseln. Dazu Goldpuder mit ein paar Tropfen weißem Alkohol vermengen. Ein weiteres Viereck aus schwarzem Fondant ausstechen, in vier Teile schneiden und ein Viertel davon ins Eck eines goldenen Vierecks kleben.

20 Etwas braune Farbe mit ein paar Tropfen Alkohol vermischen und die braune Fläche am Kopf des Roboters anpinseln, dann das zweite Zahnrad und die weißen Augen aufkleben.

21 Aus dem Rest des gelben Fondants zwei kleinere (Ø 3 cm) und zwei größere (Ø 5 cm) Kreise ausstechen, aufeinanderkleben und goldfarben anmalen.

  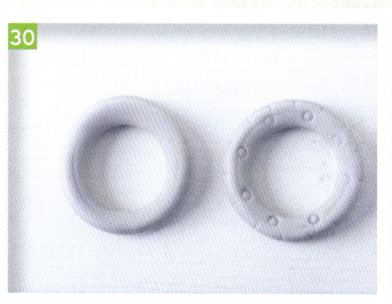

22 Den zuvor hergestellten silbernen Ring um das linke Auge anbringen und die beiden Pupillen aufkleben.

23 Die Arme auf dieselbe Weise wie schon zuvor die Beine abmessen und anschließend herstellen.

24 Den mit CMC verkneteten grauen Fondant 5 mm dick ausrollen und daraus, wie auf dem Bild zu sehen, zwei Hände aus Einzelteilen ausschneiden. Dabei daran denken, die Daumen unterschiedlich anzusetzen.

25 Die Arme auf dieselbe Art wie schon die Beine herstellen, also braune Verbindungsstücke anfertigen und damit die grauen Armelemente verbinden und ankleben. Bis der Kleber angezogen hat, die Arme vorsichtig mit Sicherheitsnadeln fixieren. Wichtig: Die Nadeln unbedingt notieren, damit ja keine vergessen wird.

26 Aus dem restlichen grauen Fondant einen kleinen Felsen formen (eine ungleichmäßige Kugel) und darauf die linke Hand anbringen. Diese mit dem linken Arm verbinden und fixieren.

27 Den rechten Arm ein wenig in den Fondant des Kinns drücken und ankleben.

28 Zuletzt die Hand ankleben und damit den Arm endgültig stabilisieren.

29 Die Gelenke der Arme, wie schon bei den Beinen, mit sehr dünnen Quadraten aus braunem Fondant überziehen und mit dem Naht-Tool absteppen.

30 Die braunen Teile noch anmalen, und der Roboter ist fertig.

Eine Lokomotive ... ein Fahrzeug als Traum eines kleinen Jungen, als Symbol für eine lange Reise, das perfekte Geschenk für einen Zugführer, und vermutlich gibt es noch viele andere passende Momente, in denen diese Torte das Herz eines Menschen höher springen lassen würde. Das entschädigt schon mal für den etwas größeren Arbeitsaufwand.

Benötigte Materialien:

Torte (Ø 25 cm)
1000 g Fondant
600 g Modelliermarzipan
100 g Blütenpaste
Lebensmittelfarbpaste grau
Lebensmittelfarbpaste braun

Lebensmittelfarbpaste schwarz
Lebensmittelfarbpaste grün
Prägematte Holz
Prägematte Beton
Sugar Gun

1 350 g Marzipan schwarz färben, 50 g für später beiseitelegen und den Rest in zwei Teile teilen. Aus einem Teil einen leicht länglichen Quader herstellen. Die Ecken müssen dabei nicht perfekt ausgeformt sein. Diese werden noch kaschiert.

2 Aus der zweiten Hälfte des schwarzen Marzipans einen etwa 15 cm langen flachen Quader herstellen.

3 Den zuerst hergestellten Quader auf den flachen stellen, diesen mit etwas Fondantkleber fixieren und anziehen lassen.

4 150 g Fondant mit 100 g Blütenpaste verkneten und hellbraun färben. Diese Modelliermasse ausrollen und daraus vier gleich große Rechtecke schneiden, die die Seite des oberen Quaders abdecken. Mit einem Messer zwei längliche Vertiefungen in die Rechtecke drücken und mit dem Slice-Tool Rillen modellieren, um eine Holzstruktur nachzuahmen. Mit einem quadratischen Ausstecher aus zwei der Rechtecke Fenster ausstechen.

5 Die Rechtecke um den Quader herum ankleben. Vier Streifen aus dem braunen Fondant schneiden und damit Umrandungen um die Fenster herstellen und ankleben. Mit dem Slice-Tool eine Holzoptik modellieren.

6 250 g Marzipan grau färben und daraus zuerst ein Viereck als Dach für die Lokomotive herstellen und aus etwa 100 g eine Rolle für die Vorderseite der Lokomotive herstellen. Diese auf das schwarze Marzipan kleben.

7 Aus dem braunen Fondant zwei Streifen herstellen und diese um die Vorderseite der Lokomotive kleben. Mit einem dünnen Strohhalm Löcher in den Fondant prägen.

8 Aus dem restlichen schwarzen Marzipan vier Kreise mit Ø 5 cm ausstechen. Aus dem grauen Marzipan vier Streifen schneiden und diese um die Reifen legen.

9 Weitere sehr dünne Streifen herstellen und daraus Speichen für die Räder herstellen.

10 Aus dem grauen Marzipan zwei kleine Kreise mit Ø 3 cm ausstechen und mit einem Kreisausstecher (Ø 2 cm) einen Kreis in den Reifen drücken.

11 Aus dem grauen Marzipan einen Quader mit ca. 5 cm Länge herstellen und diesen an einer Seite zu einer schiefen Ebene flachdrücken. Mit dem Slice-Tool horizontale Vertiefungen hineindrücken. So entsteht der vordere Rammbock der Lokomotive.

12 Aus dem Rest des schwarzen Fondants zwei Zylinder herstellen. Einer sollte etwas länger und schmäler sein, der andere kürzer und breiter. Beide Elemente aufeinanderkleben, um den Kamin herzustellen.

13 Aus der hellbraunen Modelliermasse einen Kreis ausstechen, der etwas größer ist als der Durchmesser des runden Zylinders, der die Vorderseite der Lokomotive bildet. Mit dem Straw-Tool kreisförmige Vertiefungen prägen.

14 Nun alle Elemente (Reifen, Vorderbau und Kamin), wie auf dem Bild zu sehen, mit etwas Fondantkleber an der Lokomotive anbringen. Zwei dünne Streifen aus dem hellbraunen Modellierfondant herstellen und diese als Verbindung zwischen den beiden hinteren Reifen anbringen.

15 Eine Torte (Ø 25 cm) mit 500 g grauem Fondant eindecken und mit einer Prägematte eine Betonoptik andeuten. 250 g Fondant grün färben und damit ein Cakeboard (Ø 30 cm) dünn eindecken.

16 Den Rest des grünen Fondants ausrollen, in Streifen schneiden und diese gezackt ausschneiden. So entsteht eine Grasoptik. Diese Streifen rund um die Torte ankleben und die Spitzen ein wenig nach außen biegen.

17 50 g Fondant dunkelbraun färben, mit einer Holzprägematte ein Muster hineindrücken und daraus ungleichmäßige Bretter zuschneiden.

18 Die Bretter auf die Torte kleben und mit etwas weißem Alkohol einstreichen.

19 Mit der Sugar Gun und dem quadratischen Einsatz aus dem grauen Fondant Stränge pressen. Diese dienen als Schienen.

20 Aus dem restlichen grünen Fondant und dem Graseinsatz zahlreiche dünne Stränge pressen und diese als Gras verwenden.

21 Die Schienen auf die Holzbretter kleben, die Lokomotive daraufsetzen und unsaubere Stellen mit den Grasbüscheln kaschieren.

Es kommt aus den Tiefen des Meeres,
niemand weiß genau woher ...
Es ist gekommen, um uns zu schnappen
und zu fressen: das Seeungeheuer.
Doch was es nicht weiß:
Dieses Monster ist vom Aussterben
bedroht, denn jeder, der es sieht,
will es umgehend selbst verputzen.

Benötigte Materialien:

Torte (Ø 20 cm)
Cakeboard (Ø 30 cm)
1500 g Fondant
Lebensmittelfarbpaste grün
Lebensmittelfarbpaste violett
Lebensmittelfarbpaste pink
Lebensmittelfarbpaste schwarz
Verschiedene Kreisausstecher

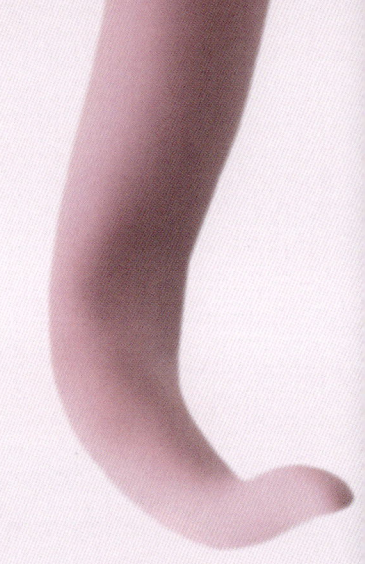

1 800 g Fondant violett färben und damit eine Torte (Ø 20 cm) dünn überziehen. Den restlichen Fondant (ca. 700g) mit einem Teelöffel CMC gut verkneten und luftdicht verpacken.

2 200 g Fondant dunkelgrün färben und damit ein Cakeboard (Ø 30 cm) überziehen. Die Torte anschließend an den hinteren Rand des Cakeboards stellen.

3 Aus dem violetten Fondant 5 Kugeln mit Ø 5 cm formen. Die Kugeln so ausrollen, dass ein spitz zulaufender Strang entsteht. Diese werden anschließend als Tentakel verwendet.

4 Aus den Strängen nun Tentakel formen, indem diese schlangenartig gewunden werden. Dabei sieht es besonders gut aus, wenn die Tentakel sich ein wenig in die Luft erheben.

5 50 g Fondant schwarz färben und ausrollen. Daraus einen Mund ausschneiden, der etwa zwei Drittel der Vorderseite abdeckt. Hier kann es hilfreich sein, zuvor eine Schablone aus Papier herzustellen.

6 50 g Fondant pink färben und dünn ausrollen. Daraus eine Zunge ausschneiden, die aus dem rechten Mundwinkel nach vorne auf das Cakeboard reicht. Auch hier kann es hilfreich sein, eine Schablone aus Papier anzufertigen. Aus weiteren 50 g weißem Fondant kleine Dreiecke für die Zähne ausschneiden.

7 Etwas von dem violetten Fondant in die Sugar Gun geben und daraus einen langen, runden Strang pressen, der um den Mund des Monsters geklebt wird.

8 Nun alle zuvor hergestellten Elemente anbringen. Den Mund mittig an der Vorderseite des Kuchens, den dünnen violetten Strang um den Mund als Begrenzung, die Zähne auf das schwarze Element kleben und die Zunge rechts im Mundwinkel, sodass sie auf dem Cakeboard aufliegt.

9 Aus dem Rest des violetten, weißen und schwarzen Fondants je einen 7 cm und einen 5 cm großen Kreis ausstechen. Mit demselben Ausstecher nun so einen Teil des schwarzen und weißen Fondants abtrennen, dass vom weißen Kreis das obere Drittel abgenommen wird und vom schwarzen das untere. Beide Teile zusammen ergeben einen Kreis, der anschließend auf den violetten aufgeklebt wird. Aus dem schwarzen Fondantrest zwei kleine Kreise ausstechen und diese als Pupillen auf den weißen Fondant kleben. Die fertigen Augen über Nacht trocknen lassen, damit sie stabil werden.

10 Zuletzt die Augen aufkleben. Die übrigen Fondantreste (alle Farben) zusammenkneten, ausrollen und viele verschieden große Kreise ausstechen. Diese Kreise auf dem ganzen Körper ankleben, die größeren an der Oberseite; je kleiner sie werden, desto weiter unten am Rand der Torte.

Der weiße Hai

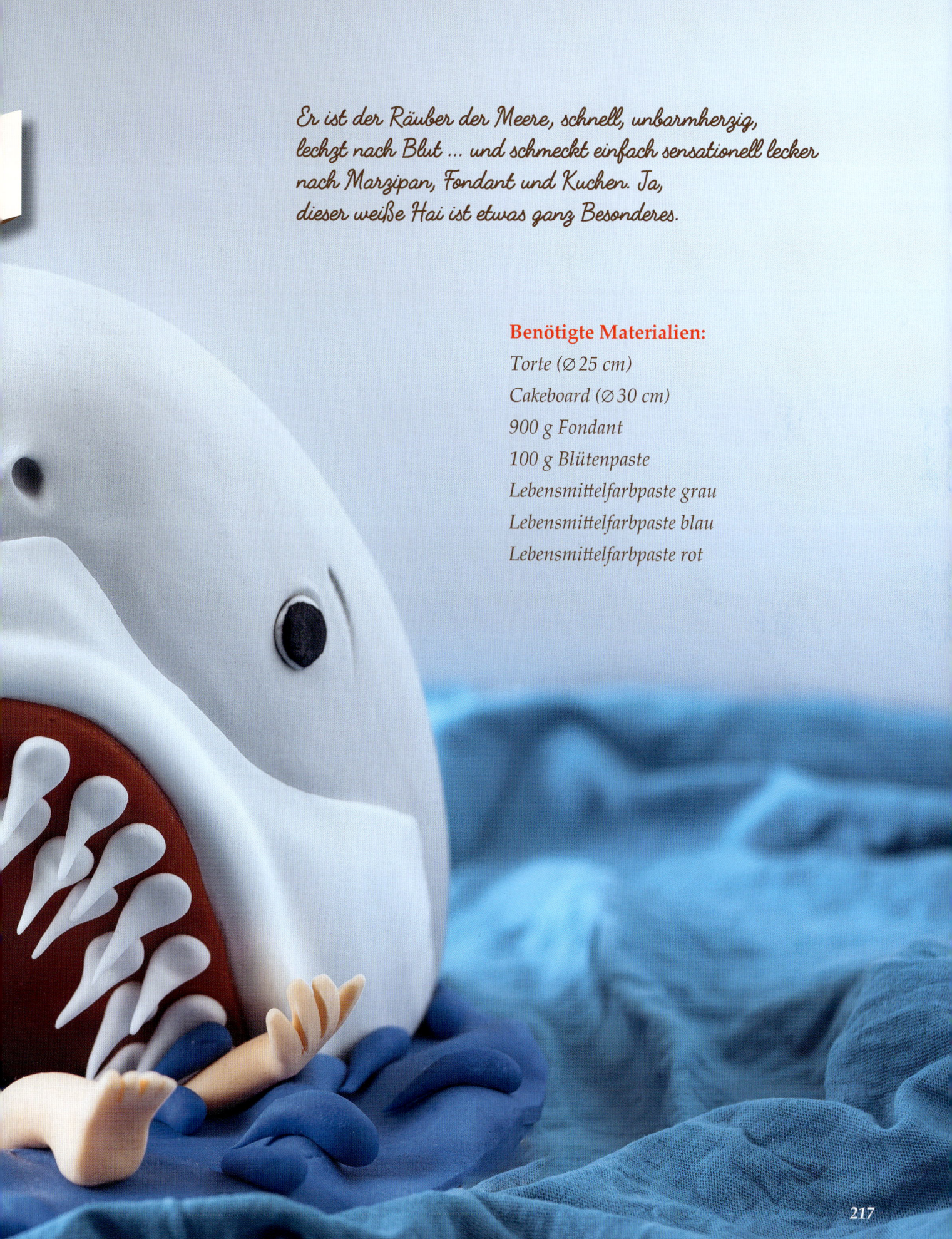

Er ist der Räuber der Meere, schnell, unbarmherzig, lechzt nach Blut ... und schmeckt einfach sensationell lecker nach Marzipan, Fondant und Kuchen. Ja, dieser weiße Hai ist etwas ganz Besonderes.

Benötigte Materialien:

Torte (∅ 25 cm)

Cakeboard (∅ 30 cm)

900 g Fondant

100 g Blütenpaste

Lebensmittelfarbpaste grau

Lebensmittelfarbpaste blau

Lebensmittelfarbpaste rot

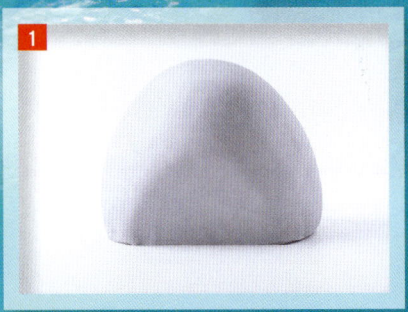

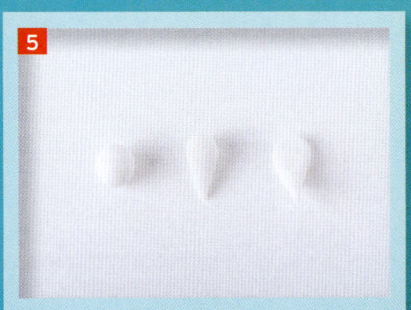

1 Einen Kuchen mit Ø 25 cm und 12 cm Höhe backen, aufstellen und die Form so zuschneiden wie beim Kuchen auf dem Foto. Dünn mit Buttercreme einstreichen und eventuelle Unebenheiten kaschieren, dann mit 400 g grauem Fondant überziehen.

2 Mit dem Ball-Tool und dem Slice-Tool Vertiefungen für die Augen, die Nasenlöcher und die Augenfalten prägen.

3 Einen Streifen aus 100 g weißem Fondant länglich so ausrollen, dass eine Seite gerade bleibt und die andere ungleichmäßig wird. Die ungleichmäßige hauchdünn ausrollen. Diese Fondantfläche, wie auf dem Bild zu sehen, auf dem Körper des Hais anbringen. Die Übergänge zum Grau mit der Handfläche vorsichtig glätten.

4 150 g Fondant rot färben und so ausrollen und zuschneiden, dass damit die gesamte Innenseite des Rachens des Hais bedeckt ist.

5 Aus 100 g weißer Blütenpaste kleine Kugeln formen und diese so ausrollen, dass sie sich auf einer Seite stark verjüngen. So entstehen Zähne. Es werden ca. 30 Stück benötigt.

6 Die Zähne so ankleben, dass sie alle nach innen zeigen.

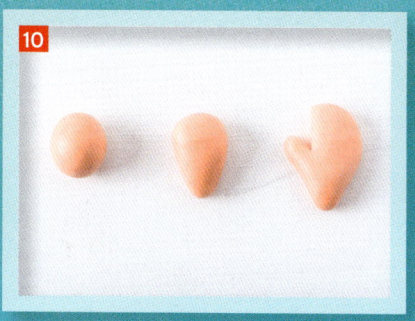  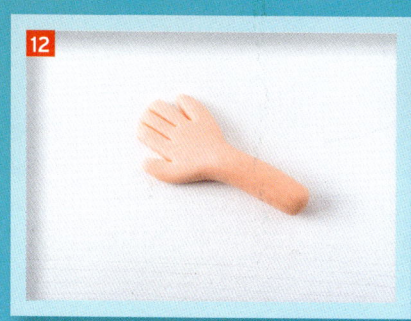
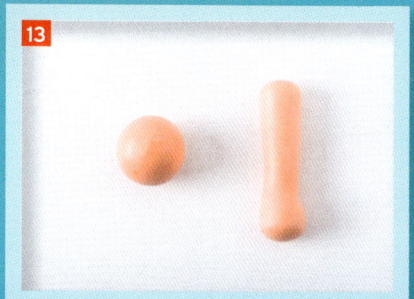  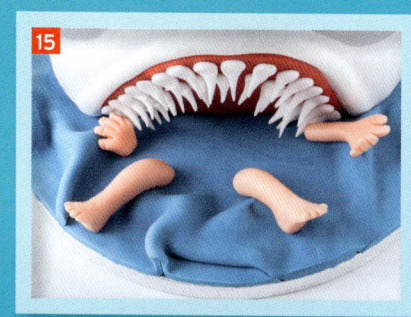

7 Für das Auge eine weiße Kugel mit Ø 1 cm und eine schwarze mit Ø 0,5 cm rollen und flachdrücken. Den schwarzen auf den weißen Kreis kleben.

8 Das Auge am Kopf anbringen, denselben Vorgang dann auf der anderen Seite wiederholen.

9 250 g Fondant blau färben, dünn ausrollen und damit ein Cakeboard (Ø 30 cm) so eindecken, dass es an den Rändern umfassend Wellen schlägt. Den Fondant an den Rändern abtrennen und gut verpackt für später beiseitelegen.

10 Für die Arme und Beine 200 g Fondant hautfarben einfärben. Daraus zwei walnussgroße Kugeln formen, diese leicht zuspitzen, flachdrücken und ein kleines Dreieck herausschneiden, um einen Daumen entstehen zu lassen.

11 Weitere drei Schnitte in die Hand setzen, um vier weitere Finger auszuformen. Diese Finger vorsichtig etwas abrunden und auseinanderspreizen.

12 Die zweite Hand gleich formen, dabei jedoch eine etwas größere Menge Fondant nehmen und dazu den Arm ausformen.

13 Für die Beine zwei ca. 5 cm große Kugeln formen und diese so ausrollen, dass sie im unteren Drittel etwas schlanker sind als an den Rändern.

14 Die Unterseite so ausformen, dass eine Ferse und ein Fuß entstehen, dann vorne vier Schnitte setzen, um die Zehen entstehen zu lassen.

15 Die Arme und die Beine, wie auf dem Bild zu sehen, auf dem Wasser platzieren.

16 Aus dem Rest des blauen Fondants zuerst Kugeln und daraus dann Tropfen formen.

17 Die Tropfen so platzieren, dass die Übergänge von Händen und Beinen zum Cakeboard kaschiert werden. Die restlichen Tropfen willkürlich ankleben.

Winter und Weihnachten

Christmas Cake 222

Lebkuchenhäuschen 224

Lebkuchenmännchen 228

Schneemann 230

Weihnachtsbaum 234

Ein kleines Törtchen als Geschenk erfreut Gaumen und Seele zugleich. Dieses unkompliziert und schnell zu gestaltende Törtchen könnte zum idealen Advent- und Weihnachtsgeschenk für Freunde und Familie werden.

Benötigte Materialien:

1 rundes Törtchen (⌀ 10 cm)
1 Cakeboard (⌀ 15 cm)
250 g Fondant weiß
100 g Marzipan
Zuckerperlen (silbern)

Lebensmittelfarbpaste grün
Lebensmittelfarbpaste rot
Ausstecher Weihnachtsblatt
Weihnachtliches Satinband (35 cm lang)

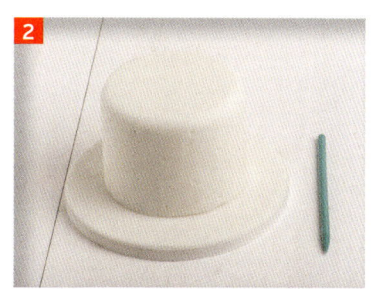

1 Ein 10 cm messendes Törtchen sowie ein passendes Cakeboard mit weißem Fondant überziehen und aufeinanderstellen.

2 Mit einem spitzen Gegenstand in gleichmäßigem Abstand und jeweils um die Hälfte versetzt rund um das Törtchen kleine Vertiefungen drücken. Hier sollte sehr genau gearbeitet werden.

3 In jede Vertiefung mit etwas Fondantkleber eine silberne essbare Perle kleben.

4 75 g Marzipan grün färben, ausrollen und mit dem Ausstecher ca. 25 kleine Blätter herstellen. 25 g Marzipan rot färben und daraus erbsengroße Kugeln formen.

5 Die grünen Blätter überlappend und abwechselnd nach innen und außen zeigend am Außenrand des Törtchens mit etwas Fondantkleber aufkleben.

6 Die roten Beeren ungleichmäßig auf den Blättern verteilen und festkleben. Den unteren Abschluss mit einem roten Satinband umwickeln und dieses an der Rückseite mit etwas essbarem Kleber fixieren.

Lebkuchen-häuschen

Knusper, knusper, Knäuschen ... wer knuspert an meinem Häuschen? Die Zahl der Menschen, die an diesem Häuschen naschen wollen, dürfte wohl ins Unermessliche steigen, wenn sie wüssten, was darunter für ein leckeres Törtchen sitzt.

Benötigte Materialien:

450 g Fondant
Lebensmittelfarbpaste hellblau
1 rundes Cakeboard (⌀ 15 cm)
1 rundes Törtchen (⌀ 10 cm)
Lebensmittelfarbpaste grün
Ausstecher Tannenbaum
Ausstecher Stern
150 g Blütenpaste
Lebensmittelfarbpaste braun
2 cl weißer Alkohol (Wodka, Rum etc.)
Ausstecher Schneestern

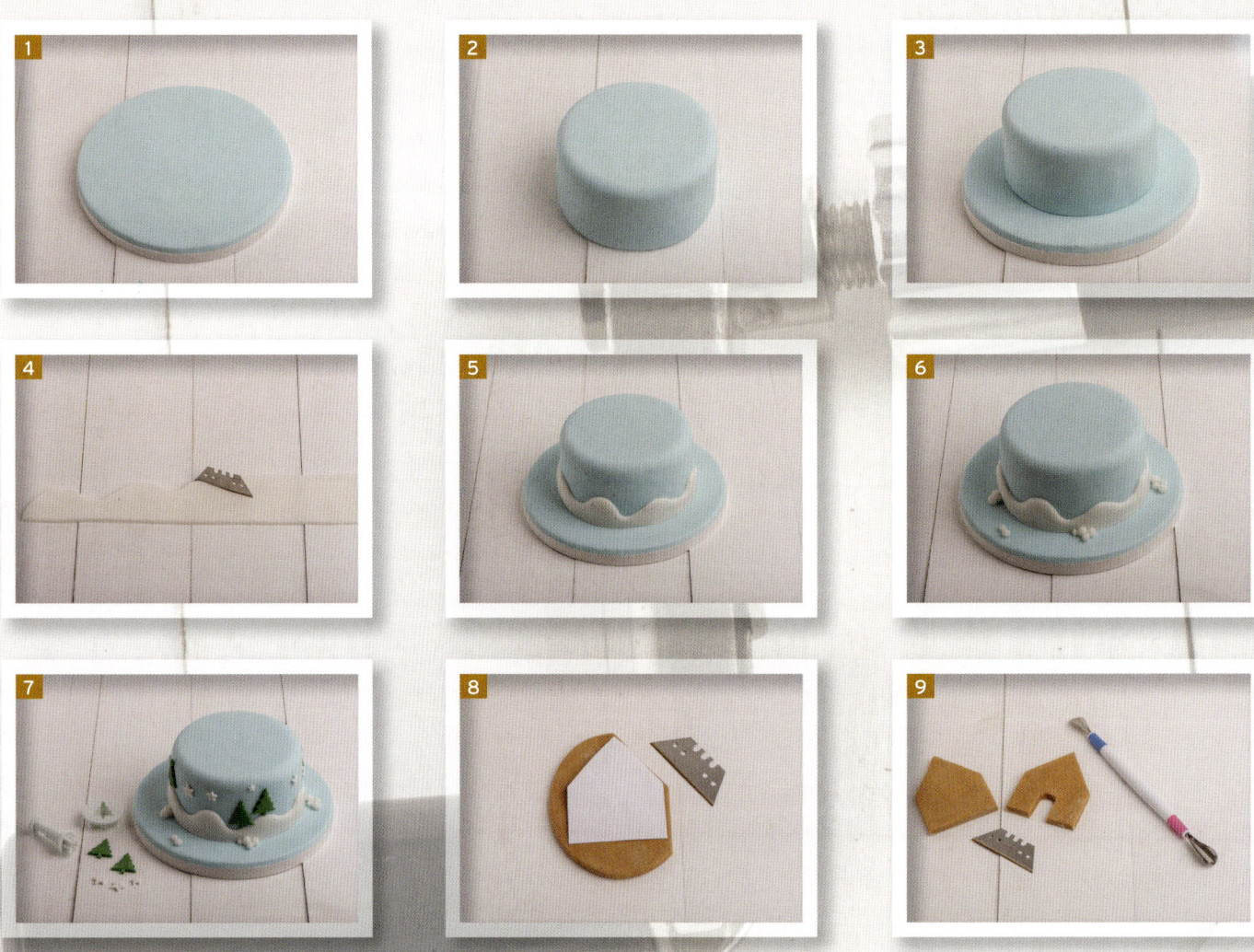

1 250 g Fondant zart hellblau färben und das Cakeboard damit dünn überziehen.

2 Mit dem restlichen hellblauen Fondant das Törtchen überziehen.

3 Das Törtchen mittig auf das Cakeboard stellen.

4 100 g weißen Fondant länglich ausrollen. Eine Kante gerade und die anderen wellenförmig abschneiden.

5 Den Fondantstreifen mit der geraden Kante nach unten und etwas Fondantkleber an die Unterkante des Törtchens kleben. Die Kanten mit einem Finger leicht abrunden.

6 Rund um das Törtchen herum kleine Schneebälle aus weißem Fondant formen und ankleben.

7 50 g Fondant dunkelgrün färben, ausrollen und mit dem Baumausstecher kleine Bäume herstellen. Aus etwa 50 g Fondant mit dem Sternausstecher kleine weiße Sterne herstellen und alle Elemente rund um das Törtchen passend anbringen.

8 Die Blütenpaste hellbraun färben. Die Schablonen auf Seite 250 aus dem Buch kopieren und ausschneiden. Die Blütenpaste 2–3 mm dick ausrollen, die Schablonen darauflegen und die Einzelteile des Lebkuchenhauses ausschneiden.

9 An einem Seitenteil des Hauses mit einem Smile-Tool und einem scharfen Messer eine Öffnung bzw. Türe aus der Blütenpaste ausschneiden.

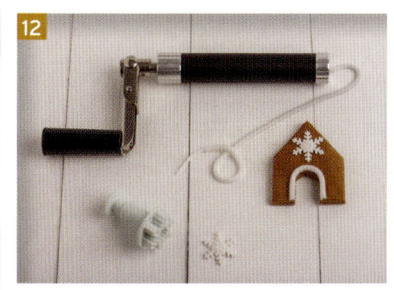

10 Anhand der Schablonen alle Einzelteile ausschneiden und die Ränder mit dem Finger glätten, um der Blütenpaste etwas mehr die Optik von gebackenen Lebkuchenteilen zu geben. Die Teile über Nacht trocknen und aushärten lassen.

11 Etwas weißen Alkohol mit brauner Lebensmittelfarbe vermischen und damit alle Einzelteile des Lebkuchenhauses rundherum bemalen. Dadurch erscheint die Farbe kräftiger und die Oberfläche wird von Rückständen der Bäckerstärke gesäubert.

12 Mit einer Fondantpresse einen weißen Faden aus Fondant pressen und, wie auf dem Bild zu sehen ist, am Rand des Eingangsbogens des Lebkuchenhauses aufkleben. Aus einem kleinen Rest des Fondants mit einem Schneesternausstecher eine Schneeflocke herstellen und oberhalb des Eingangs aufkleben.

13 50 g Fondant flachdrücken und so formen, dass die entstandene Platte auf das kleine Törtchen passt. Darauf mit etwas Fondantkleber die Seitenteile des Lebkuchenhauses zusammenfügen und trocknen lassen.

14 Alle Nahtstellen des Lebkuchenhauses mit weißen Fondantfäden abdecken.

15 Zuletzt das Dach auf das Lebkuchenhäuschen kleben und die Ränder wieder mit weißen Fondantfäden kaschieren.

16 Das Lebkuchenhäuschen auf das kleine Törtchen setzen und mit etwas Fondantkleber fixieren.

Lebkuchenmännchen

Als wäre dieser kleine Lebkuchenmann nicht schon süß genug, hütet er auch noch seine Zuckerstange wie seinen größten Schatz. Ist er nicht niedlich?

1 Das Törtchen und das Cakeboard mit 250 g Fondant überziehen und aufeinanderstellen.

2 75 g Fondant rot färben, weitere 75 g weiß lassen. Aus beiden Farben mit einer Fondantpresse ca. 5 mm dicke Stränge pressen. Diese zusammenfügen und einrollen, wie auf dem Bild zu sehen ist.

3 Mit einem Fondantglätter die zusammengedrehten Stränge auf einer flachen Oberfläche ausrollen, sodass eine runde Fondantrolle entsteht. Diese um das Törtchen legen.

4 Den Vorgang wie schon zuvor wiederholen und eine etwa 10 cm lange Fondantrolle herstellen. Diese nun an den Enden gerade abschneiden und ein Ende umbiegen. So entsteht eine Zuckerstange.

5 200 g Marzipan braun färben. Daraus fünf etwa 3 cm große Kugeln formen und zwei mit je 1,5 cm. Aus den großen Kugeln, wie auf dem Bild zu sehen ist, den Kopf, den Körper und die Beine formen, aus den kleineren die Arme. Etwas übriges Marzipan für die Augen schwarz färben, zu Kugeln formen und auf das Gesicht drücken. Mit einem Messer Augenbrauen und einen Mund in das Marzipan ritzen.

6 In den Körper und den Kopf von unten einen Cakepop-Stiel stecken. Das Marzipan so 1–2 Stunden antrocknen lassen, damit es stabiler wird.

7 Zuletzt alle Einzelteile zusammenfügen. Den Cakepop-Stiel am Rand in den Kuchen stecken, Arme und Beine mit etwas Fondantkleber fixieren. Mit der Fondantpresse flache Bänder aus weiteren 50 g weißem Fondant pressen und Abschlüsse an Armen und Beinen anbringen. Details wie Knöpfe (siehe Stricktorte S. 174 ff.) oder ein Schal hauchen dem Lebkuchenmann Leben ein.

Benötigte Materialien:

1 rundes Törtchen (Ø 10 cm)
1 rundes Cakeboard (Ø 15 cm)
500 g Fondant
Lebensmittelfarbpaste rot
250 g Modelliermarzipan
Lebensmittelfarbpaste braun
Lebensmittelfarbpaste schwarz
1 Cakepop-Stiel

Schneemann

Ein Schneemann im Garten sorgt für Freude
bei jedem Blick aus dem Fenster.
Ein Schneemannkuchen auf dem Teller
sorgt hingegen für Freude bei jedem Bissen.
Einem perfekten Nachmittag
mit Kaffee und Kuchen
sollte damit nichts mehr im Wege stehen.

Benötigte Materialien:

1 halbrunder Kuchen (Ø 15 cm)
550 g Fondant
400 g Modelliermarzipan
Lebensmittelfarbpaste orange
Lebensmittelfarbpaste schwarz
Lebensmittelfarbpaste rot
Lebensmittelfarbpaste dunkelblau
1 Cakepop-Stiel
1 Cakeboard (Ø 20 cm)

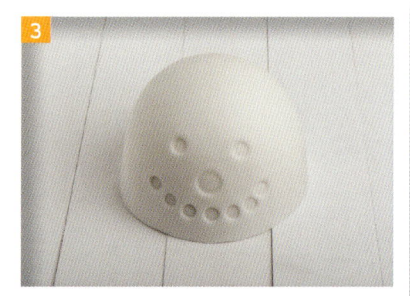

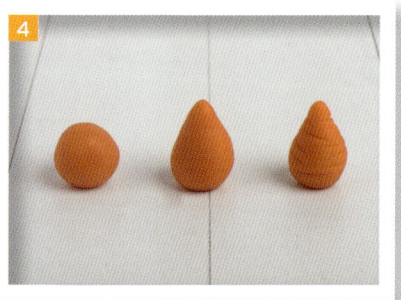

1 In einer Edelstahlschüssel einen halbrunden (Ø 15 cm) Kuchen backen.

2 Den Kuchen nach Belieben füllen und mit Creme einstreichen, anschließend mit 300 g Fondant überziehen.

3 Mit einem runden Gegenstand, z. B. mit einem Korken, Vertiefungen für die Augen, die Nase und den Mund in den Fondant prägen. Die Nase sollte etwas größer ausfallen als die restlichen Vertiefungen.

4 50 g Marzipan orange färben und zu einer Kugel formen. Diese Kugel an einer Seite spitz zulaufen lassen und mit einem Messer Vertiefungen hineinschneiden, um der Nase die Form einer Karotte zu verleihen.

5 100 g Marzipan schwarz färben und daraus unregelmäßige, leicht eckige Kugeln, ähnlich einem Stück Kohle, formen. Daraus die Augen und den Mund formen und mit Fondantkleber aufkleben. Mit etwas weißem Fondant kleine Highlights oben rechts in den Augen setzen.

6 In die inzwischen leicht angetrocknete Karottennase einen Cakepop-Stiel stecken, um die Nase später besser fixieren zu können.

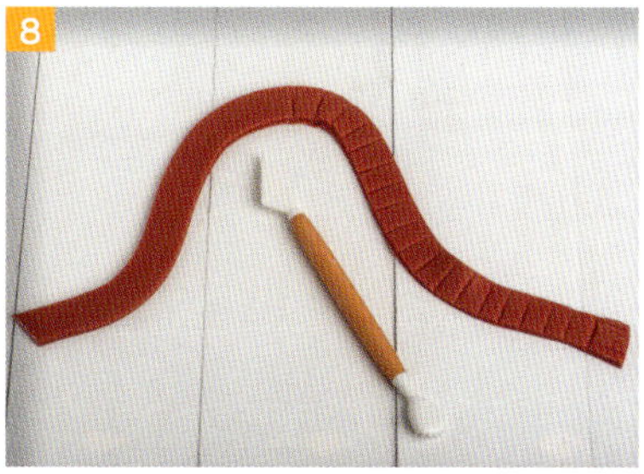

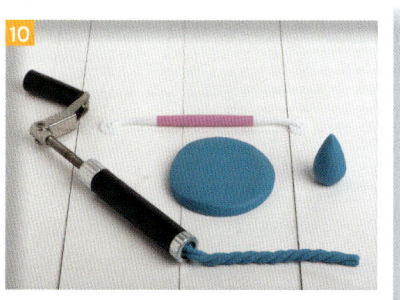

7 Die Nase in die dafür vorgesehene Vertiefung stecken und mit etwas Fondantkleber fixieren. Dann die ganze Torte auf ein mit etwa 150 g weißem Fondant überzogenes Cakeboard stellen.

8 Für den Schal 100 g Fondant rot färben und zu einem langen Band ausrollen. Dieses mit einem Lineal und einem scharfen Messer gerade schneiden und mit jeweils 2 cm Abstand quer Vertiefungen eindrücken. Am Ende des Schals Fransen prägen.

9 Den Schal um den Kuchen herumlegen und an der Vorderseite leicht seitlich versetzt überlappen lassen.

10 Für die Mütze 250 g Marzipan blau färben. Aus etwa 50 g mit einer Fondantpresse eine lange Kordel pressen, aus weiteren 50 g eine kleine Kugel formen und diese nach oben verjüngen lassen. Aus dem Rest eine große Kugel formen und so flachdrücken, dass der entstandene Kreis an den Seiten dünner ist als in der Mitte.

11 Die Mütze auf den Schneemann legen, die Kordel mit etwas Fondantkleber rund um die Mütze aufkleben und den Bommel auf die Mütze setzen. Mit dem Knitting-Tool abschließend Nähte in die Mütze und den Bommel prägen.

Weihnachtsbaum

Familie, ein Weihnachtsbaum und möglichst viele Geschenke machen den 24. Dezember zum vielleicht schönsten Tag im Jahr für unsere Kinder. All dies vereint in einem zehn Zentimeter kleinen Törtchen, besser kann man sich kaum auf Weihnachten einstimmen, oder?

Benötigte Materialien:

1 rundes Törtchen (Ø 12–13 cm)
1 Cakeboard (Ø 15 cm)
300 g Modelliermarzipan
250 g Fondant

1 Cakepop-Stiel
Lebensmittelfarbpaste grün
Lebensmittelfarbpaste braun
Lebensmittelfarbpaste gelb

Lebensmittelfarbpaste blau, rot, gelb, orange (nach Belieben)
Sugar Gun
Weihnachtliches Satinband (30 cm)

1 Ein 10 cm großes Törtchen sowie ein Cakeboard, wie in Kapitel 72/73 beschrieben, mit weißem Fondant überziehen und aufeinanderstellen.

2 150 g Marzipan grün färben und zu einer Kugel formen. Diese, nach oben spitz zulaufend, zwischen den Handflächen rollen. Mit einer kleinen Fondantschere, von oben ausgehend, rundherum 3–4 mm tiefe Schnitte ins Marzipan schneiden.

3 So lange Schnitte in das Marzipan schneiden, bis das ganze Törtchen aussieht wie ein Tannenbaum. An unsauberen Stellen, an denen das Marzipan ausfranst, mit Daumen und Zeigefinger die Spitzen wieder etwas herausarbeiten.

4 Ein walnussgroßes Stück Marzipan braun färben, zu einer Kugel formen und diese zu einem Zylinder rollen. Einen Cakepop-Stiel in die Mitte des Törtchens stecken und das braune Marzipanstück daraufstecken. Zwischen Törtchen und Marzipan Fondantkleber streichen, um dieses zu fixieren.

5 Den Cakepop-Stiel mit Fondantkleber einstreichen und darauf den Tannenbaum schieben.

6 20 g Marzipan rot färben und mit der Sugar Gun einen langen Streifen pressen. Diesen gleichmäßig um den Tannenbaum wickeln. Aus etwas gelbem Marzipan einen Stern ausstechen und mit Fondantkleber auf die Baumspitze kleben.

7 100 g Marzipan nach Belieben verschieden färben. Aus dem Marzipan dann Würfel, Rechtecke usw. als Geschenke formen. Mit der Sugar Gun dünne Streifen aus weißem Fondant pressen und daraus kleine Schleifen auf die Geschenke geben. Hier ist alles erlaubt. Insgesamt werden etwa 10 Geschenke benötigt.

8 Die zuvor hergestellten Geschenke rund um den Baum platzieren. Am unteren Rand des Törtchens ein weihnachtliches Satinband anbringen und mit lebensmittelechtem Kleber fixieren.

Cookies

Schneemann-Cookies 238

Schneestern-Cookies 240

Tannenbaum-Cookies 242

Winter-Cookies 244

Pinguin-Cookies 246

Vor allem Kinder erfreut der Anblick eines Schneemanns. Schmelzen sie im Frühling, sorgt dies oft für Traurigkeit. Im Fall dieser Schneemann-Cookies scheinen die Gesetze der Natur jedoch außer Kraft gesetzt zu sein. Sie schmelzen nämlich nicht in der Sonne, sondern im Mund.

Benötigte Materialien:

12 Cookies (Rezept siehe S. 34/35)
500 g Fondant
Lebensmittelfarbpaste rot
Lebensmittelfarbpaste orange
Lebensmittelfarbpaste schwarz
Ausstecher rund (⌀ 8 cm)
Schneeflockenausstecher

1 12 Cookies (S. 34/35) backen und mit einem Keksausstecher ca. 8 cm große, runde Cookies ausstechen.

2 200 g weißen Fondant ausrollen und Kreise mit ⌀ 8 cm ausstechen. 200 g Fondant rot färben, ausrollen und erneut Kreise mit ⌀ 8 cm ausstechen.

3 Die weißen und roten Kreise mit dem runden Ausstecher etwa 2 bis 3 cm vom oberen Rand herab in 2 Teile trennen.

4 Den roten halbmondförmigen Teil mit etwas Fondantkleber als Mütze am oberen Rand fixieren. Den weißen Fondant unterhalb als Ergänzung verwenden, sodass ein rot-weißer Kreis entsteht. Mit dem Slice-Tool Streifen in die Mütze drücken.

5 Mit dem Bone-Tool Vertiefungen für die Augen und einen Mund drücken. Aus etwas übrigem rotem Fondant mit dem Schneeflockenausstecher eine Schneeflocke ausstechen und mit Fondantkleber an der Mütze fixieren.

6 50 g Fondant schwarz färben und daraus kleine, unregelmäßig geformte Kugeln herstellen. Diese Kugeln in die Vertiefungen für Mund und Nase drücken. 50 g Fondant orange färben, in 12 gleich große Teile teilen, daraus zuerst Kugeln formen und diese dann länglich zulaufen lassen. Nun kleine Kerben in die Nase ritzen und die Karotte dann am Schneemann fixieren (siehe großes Foto links).

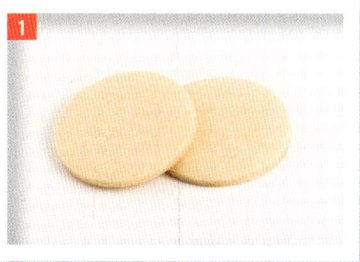

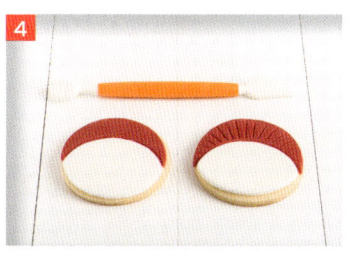

Was wäre ein winterlich dekorierter Tisch ohne Kekse? Diese Cookies schmecken nicht nur lecker, sie sind auch das Highlight bei jedem gemütlichen Beisammensein. Sie machen sich aber auch richtig gut als kleines Mitbringsel oder Geschenk für Freunde und Familie.

Benötigte Materialien:

6 Cookies (Rezept siehe S. 34/35)
300 g Fondant
Schneesternausstecher (⌀ 10 cm)
Schneesternausstecher klein
Zuckerperlen

1 Sechs Cookies nach dem Rezept auf S. 34/35 backen. Für die Grundform einen großen Schneesternausstecher verwenden.

2 250 g weißen Fondant ausrollen und sechs Sterne mit dem Schneesternausstecher ausstechen. Die fertigen Sterne mit etwas Fondantkleber an die Cookies kleben.

3 Mit dem Slice-Tool je eine Vertiefung in die einzelnen Arme der Sterne drücken.

4 Von den vorher gesetzten Vertiefungen, 45° versetzt, auf beiden Seiten weitere Vertiefungen eindrücken. So entsteht ein Streifenmuster, wie auf dem Bild zu sehen.
50 g Fondant ausrollen und mit dem Schneesternausstecher sechs Sterne herstellen.

5 Die Schneesterne mit etwas Fondantkleber auf den Cookie kleben und mittig eine silberne Zuckerperle hineindrücken.

Vier Farben, eine einfache Form und schon wird aus einfachen Cookies ein echtes Highlight. Diese wunderschönen Tannenbaum-Cookies beweisen, dass die einfachste Dekoration oft richtig was hermachen kann. Frei nach dem Motto: Weniger ist mehr.

Benötigte Materialien:

12 Cookies (Rezept siehe S. 34/35)
300 g Fondant
Lebensmittelfarbpaste hellgrün
Lebensmittelfarbpaste dunkelgrün
Ausstecher Tannenbaum (8 cm hoch)

1 12 Cookies nach dem Grundrezept auf S. 34/35 backen und mit einem Tannenbaumausstecher ausstechen. 300 g Fondant in vier Teile teilen und jede Portion in einem unterschiedlichen Grünton färben. Dazu unterschiedliche Mengen Pastenfarbe sowie unterschiedliche Farbtöne verwenden.

2 Aus dem Fondant Kugeln formen und in einer Reihe auflegen, dann zusammen ausrollen. Dabei immer in eine Richtung rollen, niemals quer, da sonst aus Farbstreifen Farbflächen werden.

3 Mit dem Tannenbaum-Ausstecher Tannenbäume aus dem Fondant ausstechen. Dabei soll jede Farbe innerhalb der Form vorkommen.

4 Den Cookie mit etwas Fondantkleber einstreichen und den Fondanttannenbaum darauflegen.

5 Die Ränder des Fondants mit den Fingern glätten und leicht nachformen.

Gemütlich auf dem Sofa und vor dem Kamin sitzen, die Wärme auf der Haut spüren und sich so richtig wohlfühlen. Beim Blick aus dem Fenster fehlt bloß noch das Wichtigste: Schnee! Diese Cookies bringen euch die Winterlandschaft direkt ins Haus und sehen dabei noch entzückend aus.

Benötigte Materialien:

12 Cookies (Rezept siehe S. 34/35)
300 g Fondant
Lebensmittelfarbpaste türkis
Ausstecher rund (Ø 8 cm)
Tannenbaumausstecher
diverse Größen (kleiner als Ø 8 cm)

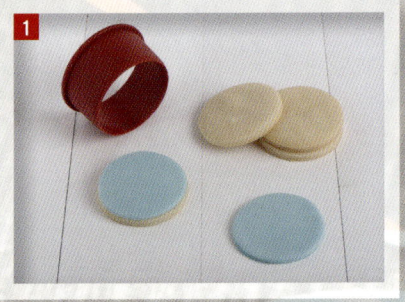
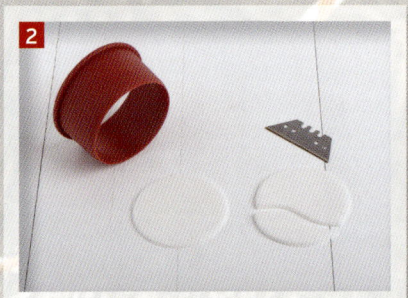
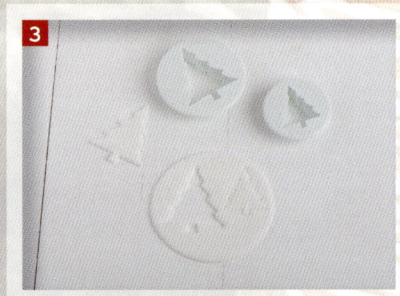

1 12 Cookies nach dem Grundrezept auf S. 34/35 backen und mit einem runden Keksausstecher ca. 8 cm große Cookies ausstechen. 200 g Fondant türkis färben und ausrollen. Daraus Kreise mit Ø 8 cm für jeden Cookie ausstechen und mit etwas Fondantkleber auf den Cookies fixieren.

2 100 g weißen Fondant ausrollen und wieder Ø 8 cm große Kreise für jeden Cookie ausstechen. Das untere Drittel der Kreise mit einem scharfen Messer wellenförmig abschneiden. Den oberen Teil wieder verpacken, den kleineren unteren Teil leicht antrocknen lassen.

3 Den übrigen Fondant, der zuvor wieder verpackt wurde, erneut ausrollen und daraus unterschiedlich große Tannenbäume ausstechen. Diese müssen klein genug sein, dass sie auf dem Cookie Platz haben (z. B. wie im Bild 3 und 5 cm hoch)

4 Mit den Tannenbaumausstechern können (optional) Teile der zuvor ausgestochenen Tannenbäume abgetrennt werden, damit andere Bäume, wie am Bild zu sehen, exakt in dieselben Aussparungen passen.

5 Die fertigen Teile, also die wellenförmige Unterseite als Landschaft und die Tannenbäume, auf den Cookies platzieren und mit Fondantkleber fixieren. Optional können auch noch einzelne Sterne auf den Cookies angebracht werden.

6 Wie auf dem Bild zu sehen ist, kann man seiner Kreativität freien Lauf lassen. Die Cookies müssen nicht gleich aussehen, sondern dürfen und sollen sich voneinander unterscheiden. Winterwonderland sozusagen …

Ein Pinguin kommt selten allein, so sagt man. Damit unseren gefiederten Freunden in den langen Polarnächten nicht zu kalt wird, backen wir hier gleich mehrere in köstlicher Keksform.

Benötigte Materialien:

12 Cookies (Rezept siehe S. 34/35)
650 g Fondant
Lebensmittelfarbpaste orange
Lebensmittelfarbpaste schwarz
Lebensmittelfarbpaste blau
Ausstecher rund (Ø 8 cm)

1 12 Cookies nach dem Grundrezept auf S. 34/35 backen und mit einem runden Keksausstecher ca. 8 cm große, runde Cookies machen.

2 300 g Fondant schwarz färben und ausrollen. Mit demselben runden Ausstecher, der auch für die Kekse verwendet wurde, einen Kreis pro Cookie ausstechen und diesen mit etwas Fondantkleber fixieren. Die Ränder mit den Händen glätten.

3 100 g weißen Fondant ausrollen und daraus 12 Herzen ausstechen, die etwas kleiner als die Cookies sind. 50 g Fondant orange färben und daraus für jeden Cookie drei kleine Kugeln formen (also insgesamt 36 Stück). Je eine Kugel leicht zuspitzen für den Schnabel und die zwei anderen flachdrücken und oben zwei Kerben eindrücken, um die Form einer Flosse anzudeuten. Zuletzt 50 g Fondant schwarz färben und für jeden Cookie zwei Kugeln für die Augen formen.

4 150 g Fondant blau färben und für jeden Cookie folgendermaßen vorgehen: Einen Kreis mit Ø 8 cm ausstechen, den Ausstecher leicht nach unten versetzen und nochmals ausstechen, dann erneut leicht nach unten versetzen und erneut ausstechen. So entsteht ein Halbmond für die Mütze und ein gebogenes Band für den Falz der Mütze. Aus dem restlichen Fondant einen spitz zulaufenden Kegel für den Pommel der Mütze formen.

5 Mit einem flachen Gegenstand Streifen in den Falz drücken. Nun die Mütze, den Falz und den Pommel nacheinander mit Fondantkleber fixieren.

Danke

Ein ganzes Jahrzehnt schon gilt meine Leidenschaft nun dem Gestalten (und Essen) von Motivtorten. In dieser Zeit habe ich viel gelernt, noch mehr erlebt und bin außergewöhnlichen und interessanten Menschen begegnet. Die Arbeit, den Zeitaufwand und den Anspruch an die persönliche Kreativität, den es erfordert, ein Buch wie dieses zu schreiben, zu fotografieren und mit so viel Inhalt zu füllen, kann man alleine fast nicht bewältigen.
Den Menschen, die mich dabei unterstützt haben, dieses Buch zu schreiben, möchte ich hier danken.

Allen voran meiner Frau Martina, die mich motiviert, wenn ich Motivation brauche, mich bremst, wenn ich einmal eine Pause brauche, die mir immer dann den richtigen Tipp gibt, wenn ich unschlüssig bin, und immer für mich da ist ... Du bist die Beste!
Meinem Sohn Matthias, dem größten Marzipanfan der Welt. Du hast einfach die besten Ideen für kreative Torten und deine Genauigkeit inspiriert mich täglich aufs Neue. Ich bin gespannt, ob du die Melonentorte auch mit 50 noch so gerne machst wie jetzt mit 6.
Meinem Sohn Maximilian, dem Energiebündel in unserer Familie. Danke für deine niemals endende Motivation zum Backen und deine Hilfsbereitschaft in der Küche. Selbst wenn ich mal keine Lust zum Backen habe, mit dir macht es immer Spaß.
Ich danke meinen Eltern, die mir vorgelebt haben, dass man seine Träume leben soll und mich gelehrt haben, dass man das tun soll, was man liebt und kann ... aber wenn, dann richtig!
Meinen Brüdern Alexander und Georg. Danke für euer Blitzfeedback, wenn es mal umgehend eine Entscheidung braucht und die Ablenkung, wenn ich mal eine kreative Pause brauche.
Ein riesiger Dank geht an Uschi und Klaus, die Inhaber der Bäckerei Moschen in Innsbruck, die mich immer unterstützen und mir ihre wunderbare Backstube „ausleihen", damit ich mich für dieses Buch und darüber hinaus kreativ austoben kann.
Ich danke dem Team des Tyrolia Verlages für euer Vertrauen in mich, eure Unterstützung, euer Know-how und eure Begeisterung für Bücher. Ich freue mich auf das, was unsere gemeinsame Zukunft bringt.
Ganz besonders danke ich Christian Wurzer, meinem Redakteur, der dieses Buch aus unendlich viel Material zusammengesetzt und zu dem Werk gemacht hat, das es nun ist.
Zuletzt danke ich auch meinen Partnern, die mich für dieses Buch tatkräftig unterstützt haben:

Schablonen für Lebkuchenhäuschen

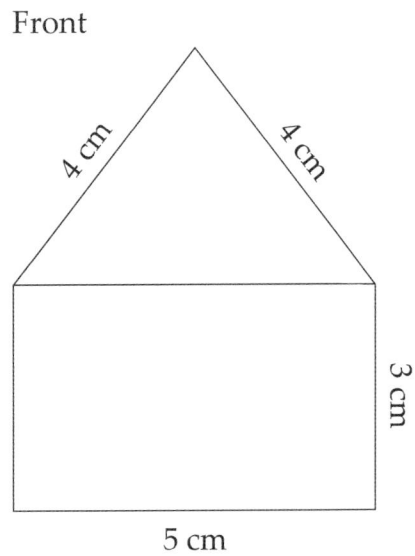

Front

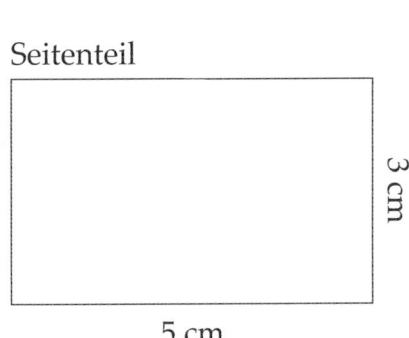

Seitenteil

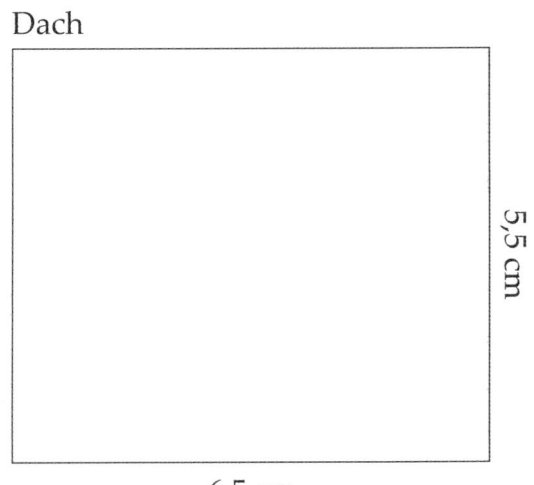

Dach

Schablonen für Baby Shower

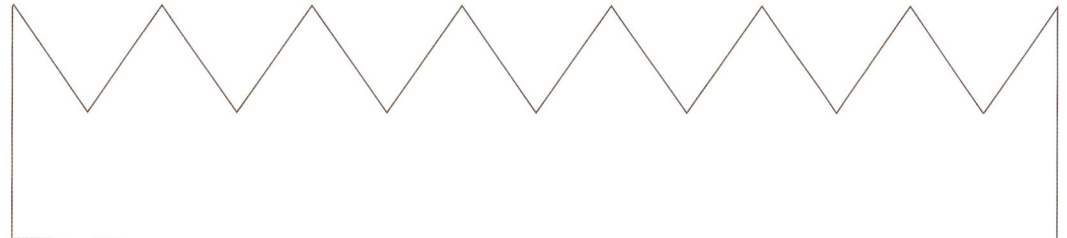

Mann backt

VOM SÜSSEN DAS SCHÖNSTE

Für viele weitere Rezepte und Inspirationen besucht meinen Blog:

www.mannbackt.de

Mehr vom backenden Mann

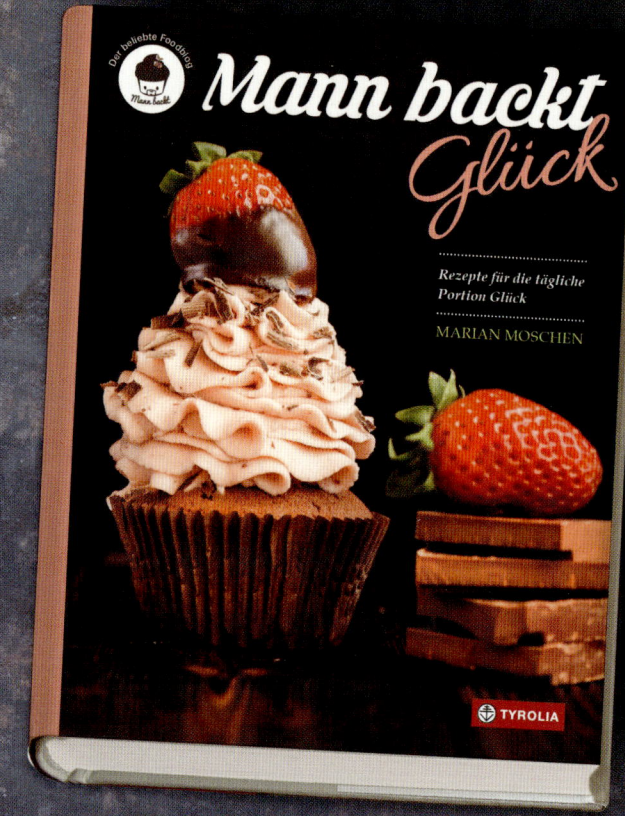

Mann backt
Die besten Rezepte des
österreichischen Kultbloggers

gebunden, 208 Seiten
ISBN 978-3-7022-3772-1

Mann backt Glück
Rezepte für die
tägliche Portion Glück

gebunden, 192 Seiten
ISBN 978-3-7022-3773-8

Mann backt Heimat
Österreichische Klassiker
neu interpetiert

gebunden, 208 Seiten
ISBN 978-3-96347-005-9

Nachhaltige Produktion ist uns ein Anliegen; wir möchten die Belastung unserer Mitwelt so gering wie möglich halten. Über unsere Druckereien garantieren wir ein hohes Maß an Umweltverträglichkeit: Wir lassen ausschließlich auf FSC®-Papieren aus verantwortungsvollen Quellen drucken, verwenden Farben auf Pflanzenölbasis und Klebestoffe ohne Lösungsmittel. Wir produzieren in Österreich und im nahen europäischen Ausland, auf Produktionen in Fernost verzichten wir ganz.

Mitglied der Verlagsgruppe „engagement"

2019
© Verlagsanstalt Tyrolia, Innsbruck
Umschlaggestaltung: Tyrolia-Verlag
unter Verwendung eines Bildes von Marian Moschen
Layout und digitale Gestaltung: Studio HM, Hall in Tirol
Porträtfotografie: Mona Lechner
Lithografie: Artilitho, Lavis (I)
Druck und Bindung: DZS Grafik, Slowenien
ISBN 978-3-7022-3775-2
E-Mail: buchverlag@tyrolia.at
Internet: www.tyrolia-verlag.at